DCG 1

FONDAMENTAUX DU DROIT

DCG 1

FONDAMENTAUX DU DROIT

FICHES DE RÉVISION

3e édition

Jean-François Bocquillon
Agrégé d'économie et gestion
Professeur en classes préparatoires à l'expertise comptable

Martine Mariage
Agrégée d'économie et gestion
Professeur en classes préparatoires à l'expertise comptable

en partenariat avec

DUNOD
leader de l'expertise comptable

EDITIONS
FRANCIS LEFEBVRE

Maquette de couverture :
Hokus Pokus

Maquette intérieure :
Yves Tremblay

11 rue Paul Bert, 92240 Malakoff
www.dunod.com
ISBN 978-2-10-082935-4

Sommaire

Avant-propos

Bienvenue dans l'univers des fiches de révision Expert Sup !

Retrouvez l'essentiel du programme en **cinq mots-clés**.

1 MOBILES

Les fiches sont détachables ! Elles permettent donc de réviser en toutes circonstances pour des usages variés : glissées dans le manuel, en complément du cours, à emporter partout pour optimiser votre temps (dans les transports, entre deux cours...), etc.

#Détachable #Pratique #Utile #Nomade

2 SIMPLES

La structure des fiches est basique et claire. Chaque fiche comporte des titres et rubriques aisément repérables, des mots-clés, des notions essentielles surlignées.

#Clair #Concis #Efficace #PrêtÀRéviser

3 VISUELLES

Les fiches détachables Dunod reprennent l'essentiel du cours comme vous auriez pu le faire. Les informations les plus importantes ont été sélectionnées et mises en avant dans les rubriques ou surlignées dans le texte.

Des schémas, tableaux et autres synthèses facilitent la mémorisation du cours.

#Synthétique #Visuel #Structuré

4 ERGONOMIQUES

La navigation d'une fiche à l'autre est aisée : les nombreux renvois vous guident et vous permettent de progresser à votre rythme tout en liant les notions du programme. La lecture n'est donc pas nécessairement linéaire.

#Souple #Complémentaire

5 FIDÈLES AU PROGRAMME

100 % conformes au nouveau programme applicable depuis la rentrée 2019, les fiches couvrent toutes les notions incontournables. À la fin de chaque fiche, la rubrique « Le + de l'expert » vous offre de précieux conseils pour faire la différence lors de l'épreuve.

#Fiable #RéussiteAssurée

Table des sigles et abréviations

BA : bénéfices agricoles

BIC : bénéfices industriels et commerciaux

BNC : bénéfices non commerciaux

Bodacc : Bulletin officiel des annonces civiles et commerciales

Bopi : Bulletin officiel de la propriété industrielle

CA : chiffre d'affaires

CEDH : Cour européenne des droits de l'homme

CESDH : Convention européenne de sauvegarde des droits de l'homme et des libertés fondamentales

EIRL : entrepreneur individuel à responsabilité limitée

EURL : entreprise unipersonnelle à responsabilité limitée

Inpi : Institut national de la propriété industrielle

IRPP : impôt sur le revenu des personnes physiques

JAL : journal d'annonces légales

JO : Journal officiel

MARD : modes alternatifs de règlement des différends

QPC : question prioritaire de constitutionnalité

RCS : registre du commerce et des sociétés (à terme, registre général dématérialisé des entreprises)

RM : répertoire des métiers (à terme, registre général dématérialisé des entreprises)

TC : tribunal de commerce

TJ : tribunal judiciaire

TP : tribunal de proximité

VAD : vente à distance

1 Le droit

Mots-clés

Branche • Droit • Droits • Éthique • Morale

1 Le droit et les droits

Définitions

- Au singulier, « le **droit** » correspond à l'ensemble des règles sociales qui gouvernent les rapports des hommes entre eux ou avec la puissance publique. Les juristes parlent alors du « droit objectif ».
- Au pluriel, « les **droits** » désignent les pouvoirs juridiques (prérogatives) qui appartiennent à une personne et lui permettent d'accomplir un acte protégé par la puissance publique. Les juristes parlent alors de « droits subjectifs ».

En pratique, les notions de droit objectif et de droits subjectifs sont liées.

Droit objectif et droits subjectifs

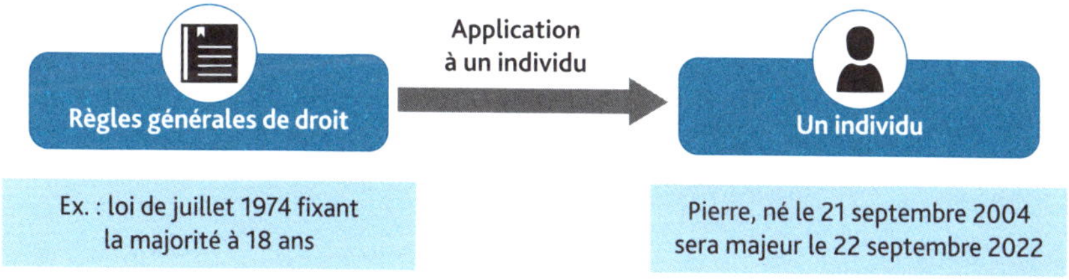

2 Les finalités du droit

	Finalités	Exemples
Sécurité des personnes	Assurer la protection de la personne dans toutes ses activités (professionnelles, familiales, etc.)	Indemnisation des victimes d'accident de la circulation ; punition de l'auteur coupable de violence
Sécurité des biens	Assurer la protection des biens de la personne	Pénalisation du vol, de l'escroquerie, de la dégradation de matériel
Stabilité des situations juridiques	Maintenir en l'état ce qui a été établi et éviter de perpétuelles remises en cause	La loi ne vaut que pour l'avenir. Elle n'a pas pour fonction de remettre en cause les situations passées
Organisation économique	Doter la vie économique des règles qui vont en permettre le fonctionnement le plus harmonieux	Possibilité de créer des sociétés, un fonds de commerce
Organisation politique	Doter la cité de règles de droit pour assurer le gouvernement des hommes	Règles relatives aux élections, à l'accès aux fonctions électives ; organisation des droits des collectivités territoriales
Organisation sociale	Fournir à la société des règles qui vont en faciliter le fonctionnement et lutter contre certaines dérives considérées comme socialement non désirables	Règles relatives à l'égalité hommes/femmes ; règles encadrant l'adoption d'un enfant, le changement du nom d'une personne

3 Les caractères de la règle de droit

La règle de droit présente un double caractère.

Règle de droit

Générale et abstraite
Elle s'applique indistinctement à toutes les personnes qui se trouvent dans la situation qu'elle a voulu organiser

Coercitive
Elle s'impose sous peine de sanctions prononcées par les tribunaux

4 Les autres règles sociales

Définitions

- La règle de **droit** puise sa source dans l'autorité qui s'est vu reconnaître le pouvoir de légiférer.
- La règle de **morale** résulte de la révélation divine ou de la conscience individuelle ou collective.
- La règle **éthique** est issue de codes de conduite ou de chartes éthiques.

Contenus des règles	• La règle de morale précise ce qu'il convient de faire ou de ne pas faire, et ce, en référence à une visée fondamentale de l'homme. Elle définit un idéal de conduite tant vis-à-vis d'autrui que de soi-même. • La règle de droit est nettement moins exigeante. Elle assure l'ordre et la paix et ne se soucie pas de la perfection. • La règle d'éthique a une dimension collective et une visée pratique. Elle recherche la bonne solution dans une situation donnée.
Sanctions	• La violation de la règle de morale reçoit une sanction intérieure, celle de la conscience. • La violation de la règle de droit est externe. Elle est infligée par l'autorité contraignante exercée par les pouvoirs publics. • La violation de la règle d'éthique met les acteurs sous la pression de l'État, des investisseurs ou des consommateurs (ex. : boycott de produits).

5 Les branches du droit

Le droit public régit les rapports dans lesquels les personnes publiques sont intéressées ; le droit privé, les rapports des individus entre eux ou avec des collectivités privées. Chacune de ces branches est subdivisée en **branches**.

Droit public et droit privé

Droit public	Droit constitutionnel	Détermination des règles relatives à la forme de l'État, à la constitution du gouvernement et des pouvoirs publics. Ex. : règles régissant l'élection du président de la République, des députés et des sénateurs.
	Droit administratif	Réglemente l'organisation des collectivités publiques (État, régions, départements, etc.) et des services publics ainsi que leurs rapports avec les particuliers. Ex. : droit de la fonction publique, réglementation des services publics.
	Droit pénal	Institue et aménage le droit de punir tel qu'il appartient à la société et tel qu'il est exercé en son nom dans le cadre de la procédure pénale. Ex. : règles relatives aux régimes juridiques des diverses infractions, régimes des sanctions.
	Droit fiscal	Ensemble des règles de droit régissant les impôts, taxes, contributions et cotisations sociales
Droit privé	Droit civil	Ensemble des règles qui organisent les rapports entre particuliers. Ex. : droit de la preuve, droit au mariage, droit de propriété.
	Droit commercial	Règles qui décrivent et analysent le statut et les activités des entreprises industrielles et commerciales. Ex. : droit des actes de commerce, droit de la propriété industrielle.
	Droit des sociétés	Règles de droit appliquées aux sociétés, personnes morales de droit privé qui procèdent de la mise en commun de moyens en vue d'en partager le bénéfice ou de profiter de l'économie qui pourra en résulter. Ex. : fonctionnement de la société anonyme (SA).
	Droit social	• Règles relatives aux rapports individuels et collectifs nés à l'occasion de la relation de travail. Ex. : contrat de travail, droit de la grève. • Organisation par le droit de la Sécurité sociale des rapports entre les organismes de protection sociale et les assurés sociaux. Ex. : accidents du travail, maternité, retraite, maladie.
	Droit de la consommation	Ensemble des dispositions légales et réglementaires régissant les relations consommateur et professionnels. Ex. : crédit à la consommation.
	Droit de l'environnement	Règles juridiques concernant la gestion, l'utilisation et la protection de l'environnement, la prévention et la répression des atteintes à l'environnement et l'indemnisation des victimes. Ex. : protection de l'eau, de l'air, des paysages, de la diversité biologique.
	Droit comptable	Règles relatives à la construction de l'information financière des entreprises et des groupes. Ex. : bilan les provisions, amortissements.

LE + DE L'EXPERT

La règle de droit est impersonnelle : elle s'applique à la situation dans laquelle se trouve une personne. Il importe donc de rattacher cette situation à une catégorie en droit : c'est la qualification juridique.

Considérons, par exemple, deux personnes mariées. Leur situation juridique doit être rattachée à un régime matrimonial (ex. : régime légal ou régime de la séparation des biens) pour leur appliquer les règles correspondantes en matière de gestion des biens, entre autres.

2 Les sources du droit

Mots-clés

Accord collectif • Bloc de constitutionnalité • Constitution • Coutume • Jurisprudence • Loi • Règlement • Traité

1 Les traités internationaux

Définition

Les **traités** internationaux sont des accords entre États souverains fixant des règles obligatoires pour les situations relevant du champ d'application de ces traités.

L'entrée en vigueur d'un traité en France est subordonnée à sa ratification ou à son approbation et à sa publication au *Journal officiel*.

Le pouvoir de ratifier ou d'approuver les traités est attribué au président de la République. Certains traités (ex. : traités qui engagent les finances de l'État) ne peuvent être ratifiés ou approuvés qu'en vertu d'une **loi**.

▶ Exemples

La Charte constitutive de l'OMC d'avril 1994, les traités de Rome (1957) instituant la CEE, le traité sur la coopération et l'intégration franco-allemande du 22 janvier 2019 sur le rapprochement des politiques économiques, diplomatiques et de défense des deux pays sont autant de traités impliquant une ratification. ◀

2 Le droit européen dérivé

A. Les principes du droit européen

Deux principes majeurs régissent le droit européen : la primauté et l'effet direct.

Primauté et effet direct

Principe de primauté
- Supériorité du droit européen
- Impossibilité pour les États de faire prévaloir, contre un ordre juridique accepté par eux et sur une base réciproque, une mesure unilatérale (nationale) ultérieure

Effet direct
- Capacité du droit européen à créer, pour les ressortissants des États membres, des droits et des obligations
- Devant une juridiction nationale, possibilité pour un citoyen de faire écarter une règle nationale non compatible avec le droit européen

B. Les principales sources du droit européen dérivé

	Règlement	Directive
Origines	• Conseil (règlement de base) • Ou Commission (règlement d'exécution) • Ou Conseil et Parlement dans la procédure de coopération	• Conseil ou Commission • Conseil et Parlement dans la procédure de codécision
Destinataires	États membres, entreprises, particuliers	États membres
Portée	Directement applicable : force obligatoire	Force obligatoire : obligation de résultat mais les États restent libres des moyens
Exemples	Règlement (UE) 2016/679 du 27 avril 2016 relatif à la protection des personnes physiques à l'égard du traitement des données à caractère personnel et à la libre circulation de ces données	Directive 2019/713 du 17 avril 2019 concernant la lutte contre la fraude et la contrefaçon des moyens de paiement autres que les espèces

3 Les sources nationales

A. Le bloc de constitutionnalité

Définition

Le **bloc de constitutionnalité** englobe, en plus du texte de la Constitution de 1958, le préambule de la Constitution de 1946, la Déclaration des droits de l'homme et du citoyen de 1789, la Déclaration universelle des droits de l'homme de 1948, la Convention européenne de sauvegarde des droits de l'homme de 1950, la Charte de l'environnement de 2005.

Sont également intégrés dans ce bloc des « principes fondamentaux reconnus par les lois de la République » (ex. : respect de la vie privée, de la dignité humaine).

La **Constitution** fixe les compétences des autorités de l'État auxquelles aucune autre autorité ne peut porter atteinte. Elle définit les pouvoirs publics, régit leurs rapports et organise les relations entre gouvernants et gouvernés.

B. La loi, le règlement et l'ordonnance

La loi

Définition

La **loi** est un texte émanant du pouvoir législatif.

La loi ne dispose que pour l'avenir ; elle n'a pas d'effet rétroactif.

▶ **Exemple**

En droit civil des obligations, les situations contractuelles sont régies par la loi en vigueur le jour de la conclusion du contrat. ◀

Étapes d'élaboration de la loi

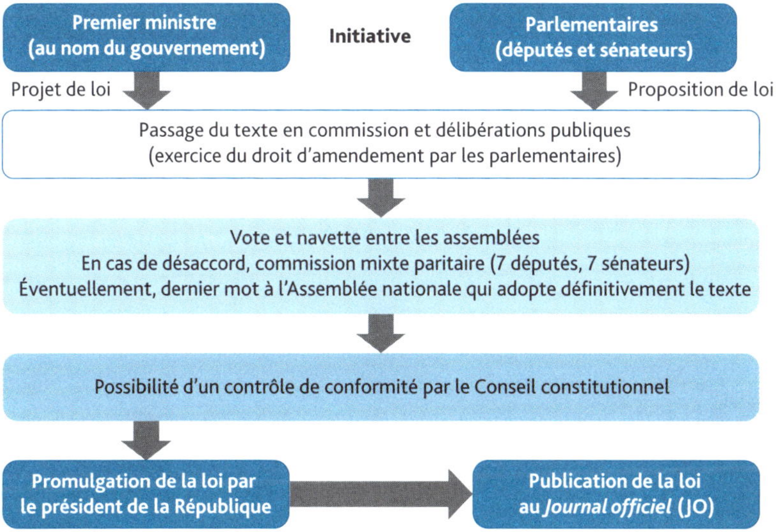

Lois impérative et supplétive	• Loi impérative : on ne peut pas y déroger. • Loi supplétive : elle s'applique par défaut de volonté des parties concernées.
Types de lois	• Loi constitutionnelle : modification de la Constitution. • Loi organique : organisation et fonctionnement des pouvoirs publics. • Loi de finance : détermine, pour un exercice (en France, une année civile), la nature, le montant et l'affectation des ressources et des charges de l'État. • Loi ordinaire : matières énumérées à l'article 34 de la Constitution.

Le règlement

Définition

Un **règlement** est un texte émanant du pouvoir exécutif.

Domaine	• Matières non énumérées à l'article 34 de la Constitution : décrets autonomes. • Modalités d'application des lois : décrets d'application.
Origine	Textes émanant du pouvoir exécutif.

L'ordonnance

Définition

Une **ordonnance** est un acte qui procède d'une délégation par voie d'habilitation du pouvoir législatif à l'exécutif pour intervenir provisoirement dans le domaine de la loi.

Domaine	• Exception aux domaines de la loi et du règlement. • Mesures qui relèvent du domaine de la loi.
Origine	Le gouvernement, sur habilitation du parlement et ratification par le parlement.

C. Les textes émanant des milieux professionnels

Les textes professionnels sont de deux types :

- les accords collectifs ;
- la coutume.

Définitions

- Les **accords collectifs** sont négociés par les syndicats de salariés et par les employeurs qui organisent dans les entreprises les conditions d'emploi, de formation professionnelle, de travail ainsi que les garanties sociales.
- La **coutume** est un usage devenu règle de droit parce qu'il était constant et régulier.
- La **jurisprudence** est l'ensemble des solutions contenues dans les décisions rendues par les cours et les tribunaux.

	Accords collectifs	Coutume
Définition	Accords négociés par les partenaires sociaux qui organisent, dans les entreprises, les conditions d'emploi, de formation professionnelle, de travail ainsi que les garanties sociales.	• Usage devenu règle de droit. • Deux éléments doivent être réunis : – un élément matériel ; – un élément psychologique.
Rôle	• Amélioration, en principe, des dispositions législatives et réglementaires. • Adaptation des textes au milieu professionnel et à l'entreprise.	Adaptation du droit à la vie locale ou professionnelle : – soit sur renvoi express de la loi ; – soit de manière autonome.
Exemple	Amplitude horaire journalière fixée à 13 heures par la convention collective de la restauration rapide (dernière mise à jour : 28 mars 2018).	Octroi d'un treizième mois.

D. La jurisprudence

Définition

La **jurisprudence** regroupe l'ensemble des solutions contenues dans les décisions rendues par les cours et les tribunaux.

La jurisprudence vise à appliquer des règles de droit adaptées aux différentes situations. Dans certains cas, il s'agit d'interpréter le droit en le complétant ou en suppléant à une règle qui ferait défaut.

▶ Exemple de décision de jurisprudence

Des commentaires publiés sur Facebook peuvent être retenus par un juge dans le cadre d'un dossier d'attribution de l'autorité parentale. ◀

LE + DE L'EXPERT

Les sources du droit ne revêtent pas toutes la même valeur ; certaines sont supérieures à d'autres. Dans le langage juridique, on parle de « hiérarchie des normes » (➥ **fiche 2**).

3 La hiérarchie des normes et le contrôle de la loi

Mots-clés

Bloc de constitutionnalité • Constitutionnalité • Question prioritaire de constitutionnalité

1 La hiérarchie des normes

Le bloc de constitutionnalité constitue la référence : tous les textes doivent s'y conformer.

Le bloc de constitutionnalité est formé de cinq textes :

- la Constitution de la Vᵉ République (1958) ;
- le préambule de la Constitution de la IVᵉ République (1946) ;
- la Déclaration des droits de l'homme et du citoyen (1789) ;
- la Déclaration universelle des droits de l'Homme (1948) ;
- la charte de l'environnement (2005).

Pyramide des normes

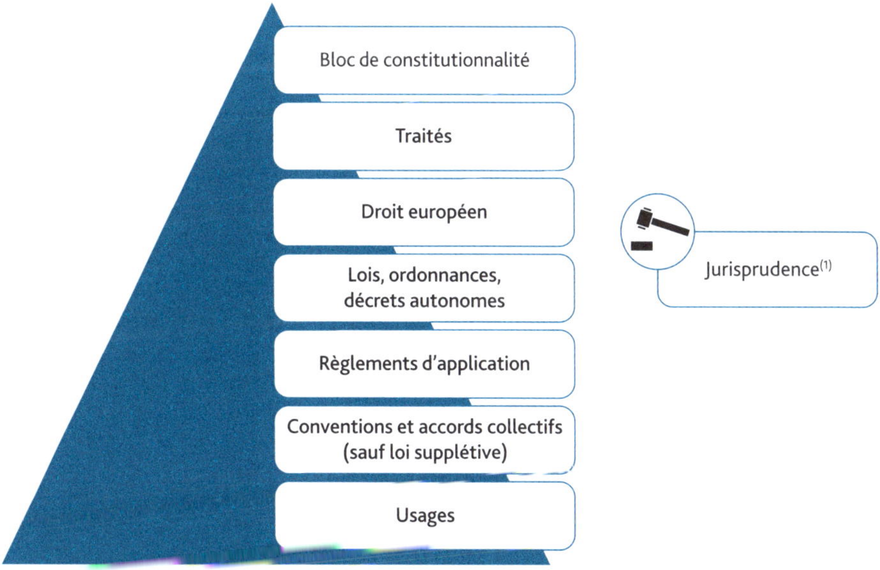

(1) La jurisprudence ne participe pas à un ordre pyramidal des normes juridiques.

2 Le contrôle de constitutionnalité

Le Conseil constitutionnel contrôle la **constitutionnalité** des lois et des traités et intègre dans son champ d'investigation l'ensemble des textes précités.

Le Conseil constitutionnel est saisi par le pouvoir exécutif ou à la demande de 60 députés ou sénateurs avant la promulgation d'une loi (voie d'action). Il peut être saisi par les justiciables en cas de contestation d'un litige en cours devant une juridiction française. La saisine s'effectue par une **question prioritaire de constitutionnalité** (QPC), voie d'exception.

▶ Exemple

La loi n° 2016-731 du 3 juin 2016 renforçant la lutte contre le crime organisé, le terrorisme et leur financement a été jugée conforme aux droits et libertés que la Constitution garantit. ◀

3 Le contrôle de conventionalité

Les lois doivent être conformes aux traités.

Ce contrôle doit être effectué par les juridictions ordinaires sous l'autorité de la Cour de cassation et du Conseil d'État (juridictions suprêmes dans l'ordre judiciaire et administratif).

▶ Exemple

Le contrôle de la conformité des lois à la Convention européenne des droits de l'homme relève du contrôle de conventionalité. ◀

LE + DE L'EXPERT

Les sources du droit sont variées et hiérarchisées. Le texte essentiel est la Constitution (et le bloc de constitutionalité) à laquelle toutes les normes nationales doivent se conformer.

4 La preuve : objet, charge et admissibilité

Mots-clés

Acte juridique • Écrit • Fait juridique • Présomption

1 L'objet de la preuve

Article 9 du CPC. Il incombe à chaque partie de prouver, conformément à la loi, les faits nécessaires au succès de sa prétention.

La règle de droit n'a pas à être prouvée, le juge est censé la connaître.

L'**acte** ou le **fait juridique** qui donne naissance à un droit doit être prouvé.

	Définition	Exemples
Acte juridique	Manifestations de volonté destinées à produire des effets de droit	Contrat de vente, contrat de travail, donation
Fait juridique	Événement ou agissement auquel la loi attache des effets de droit, qu'il soit volontaire ou non	Accident, naissance

2 La charge de la preuve

A. Le principe : l'apport de la preuve

Celui qui réclame l'exécution d'une obligation doit la prouver. Réciproquement, celui qui se prétend libéré doit justifier le paiement ou le fait qui a produit l'extinction de son obligation.

Parties en présence dans un litige

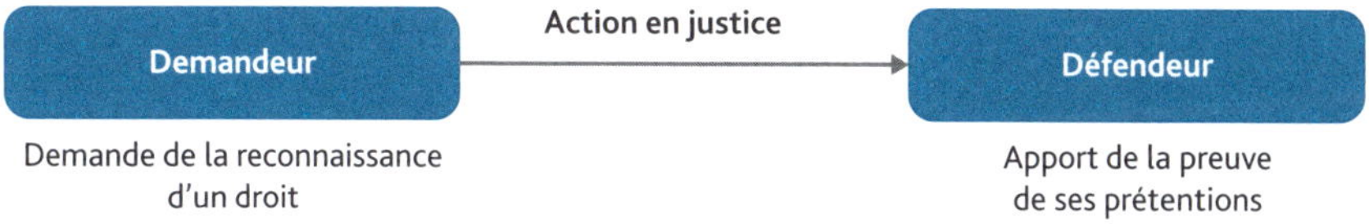

▶ **Exemple**

En cas d'impayé, le demandeur à l'instance prouve l'existence d'un contrat de vente. C'est alors le défendeur à l'instance qui va devoir prouver qu'il a déjà payé. ◀

B. Les présomptions, une exception au principe

Définition

Le Code civil définit les **présomptions** comme les conséquences que la loi ou le juge tire d'un fait connu à un fait inconnu.

Une personne est dispensée de faire la preuve de ce qu'elle avance et on déduit l'existence du fait à prouver, de l'existence d'un autre fait plus facile à prouver.

▶ **Exemple**

L'immatriculation au registre général dématérialisé des entreprises pose, à l'égard des personnes physiques, une présomption d'appartenance à la profession de commerçant. ◀

Types de présomptions

Présomptions légales (imposées par la loi)
- Présomption simple : possibilité d'apporter la preuve contraire (ex. : présomption de paternité)
- Présomption irréfragable : preuve contraire non admise (ex. : mention « acquittée » valant présomption de paiement d'une facture)

Présomptions de fait ou judiciaires
- Librement posées par le juge
- Suffisamment graves et concordantes (ex. : mesures des traces laissées par les pneus sur une route pour évaluer le freinage et la vitesse d'une voiture en cas d'accident)

3 L'admissibilité de la preuve

A. Le principe et les exceptions

Le Code civil prévoit que les actes juridiques doivent être passés par **écrit** dès qu'ils excèdent une valeur fixée par décret. Elle s'élève à 1 500 € (préconstitution de preuve).

Exceptions au principe

Actes de commerce	Preuve par tous moyens (Code de commerce, art. 110-31) à l'égard des commerçants
Faits juridiques	Preuve libre
Impossibilité de preuve écrite	Cas de la disparition de l'écrit ou de l'impossibilité de le dresser
Commencement de preuve par écrit	Trois éléments nécessaires : • un écrit • émanant de la personne contre laquelle la demande est formée • rendant le fait allégué vraisemblable
Droit pénal	Preuve par tous moyens sauf exceptions légales
Droit du travail	Preuve libre

B. Le rôle du juge

Le juge vérifie l'authenticité et l'exactitude des moyens invoqués. Il compare les différentes preuves fournies. Enfin, il arrête sa conviction quand un fait lui apparaît probable, vraisemblable. Toutefois, le législateur a conféré une force probante légale à certaines preuves dites parfaites (écrit, aveu judiciaire). Le juge peut demander aux parties de produire des éléments de preuve et même ordonner des mesures d'instruction.

LE + DE L'EXPERT

La qualification d'acte ou de fait juridique est essentielle en droit civil. Elle induit les modes de preuve exigés.

5 Les modes de preuve

Mots-clés

Aveu écrit • Présomption • Serment • Signature électronique • Temoignage

1 L'importance de l'écrit

Définition

Aux termes du Code civil, la preuve littérale, ou **preuve par écrit**, résulte d'une suite de lettres, de caractères, de chiffres ou de tous autres signes ou symboles dotés d'une signification intelligible, quels que soient leur support et leur modalité de transmission.

A. L'écrit électronique

L'écrit sous forme électronique est équivalent à un écrit sous forme papier à trois conditions:

- être intelligible ;
- permettre d'identifier celui dont il émane ;
- être établi et conservé dans des conditions de nature à garantir son intégrité.

B. La signature

La signature est un élément essentiel de la validité d'un écrit. Elle revêt une double fonction: identifier le contractant et matérialiser le consentement du contractant.

Le Code civil reconnaît une valeur juridique à la **signature électronique** (numérique, digitale, sous forme de mots de passe ou de codes). Celle-ci suppose le recours à un système fiable d'identification garantissant l'existence d'un lien avec l'acte. Le système évalué et certifié repose sur des moyens de cryptologie à clés asymétriques. Une présomption de fiabilité de la signature électronique est ainsi établie; la preuve contraire peut être apportée.

Les conflits de preuve littérale sont réglés par le juge et par tous moyens.

2 Les modes de preuve et leur force probante

	Régime juridique	Force probante
Acte authentique	• Actes dressés par une personne qualifiée (officier public: huissier, notaire) et selon les formes prescrites par la loi • Original dressé en un exemplaire et conservé par l'officier public	Font foi jusqu'à inscription de faux (procédure qui permet de contester l'exactitude ou la sincérité de l'acte)
Acte sous signature privée	• Écrits rédigés par des particuliers: signature obligatoire • Formalisme imposé dans deux cas: – contrat synallagmatique: formalité du double (autant d'originaux que de parties distinctes) – engagement unilatéral de payer une somme d'argent ou livrer un bien fongible: formalité de la mention manuscrite de la somme ou de la quantité en lettres et en chiffres	• Force probante: signature contestable (vérification en écriture) • Contenu et date de l'acte qui ne font foi que jusqu'à preuve du contraire (date inopposable aux tiers, sauf acquisition de date certaine)

	Régime juridique		Force probante
Acte sous signature privée contresigné par un avocat	En contresignant l'acte, l'avocat atteste avoir conseillé les parties		Fait foi de l'écriture et de la signature des parties
Autre écrit	Document n'ayant pas de valeur d'écrit au sens du droit (ex. : correspondance, livres comptables, copies)		• Force probante limitée (possibilité de faire preuve contre son auteur) • Preuve contre le commerçant qui les tient • Force probante variable
Témoignage	Déclaration émanant d'un tiers par lequel il relate les faits dont il a eu personnellement connaissance		• Preuve des faits et actes juridiques < 1500 € • Force probante librement appréciée par le juge
Présomptions de l'homme	Conséquences que le juge tire d'un fait connu à un fait inconnu		• Doivent être graves, précises et concordantes pour être admises • Force probante établie par le juge • Limitées aux cas où la loi admet les preuves testimoniales
Aveu	Déclaration par laquelle une des parties reconnaît l'exactitude d'un fait qui lui est défavorable et qui est allégué par son adversaire (en déclin)	• Judiciaire : devant la justice • Extrajudiciaire : en dehors du procès	• L'aveu judiciaire fait pleine foi contre celui qui l'a fait, est indivisible et irrévocable • L'aveu extrajudiciaire ne lie pas le juge ; peut être divisé et rétracté. Écrit, il a la force probante d'un acte sous signature privée. Oral, il est limité aux cas où la preuve testimoniale est admise
Serment	Déclaration solennelle faite par un plaideur d'un fait qui lui est favorable (tombé en désuétude, dans une société où la parole donnée n'a quasiment plus de crédit)	• Serment décisoire : une partie demande à son adversaire de prêter serment • Serment déféré d'office : à la demande du juge, pour se forger son intime conviction	• Si l'adversaire prête serment, il gagne son procès • Ne lie pas le juge

LE + DE L'EXPERT

- Les moyens de preuve doivent être loyaux et non attentatoires aux libertés
- Les parties jouent un rôle déterminant dans la production des preuves puisque, aux termes de l'article 10 du Code civil, « chacun est tenu d'apporter son concours à la justice en vue de la manifestation de la vérité ».

6 L'organisation judiciaire

Mots-clés

Contentieux • Ordre administratif • Ordre judiciaire • Tribunal judiciaire

1 Les juridictions européennes

On distingue la Cour de justice de l'Union européenne et le Tribunal de première instance de l'Union européenne.

Cour de justice de l'Union européenne

Mission	Saisine	Rôles	Commentaires
Attributions juridictionnelles : respect du droit dans l'interprétation et l'application du traité	Par un État, un organe européen ou un particulier	Juge de premier et dernier ressort	• Juge international : tranche les litiges entre États membres • Juge interinstitutionnel : statue sur les contestations relatives à la répartition des pouvoirs entre les institutions européennes • Juge administratif : en matière de contentieux de la légalité des décisions européennes et de recours en responsabilité contre les communautés
	Par les mêmes personnes	Juge de cassation	Examen des seules questions de droit
Attributions consultatives : • Exemple : émission d'un avis	Tout État membre, le Conseil ou la Commission, un juge national, des personnes physiques ou morales	Conseiller	• Traitement de toute question juridique sur la compatibilité d'un accord avec les dispositions du traité • Avis négatif empêchant l'entrée en vigueur de l'accord

Tribunal de l'Union européenne

Mission	Saisine	Rôles	Commentaires
Veille à l'application des traités, du droit dérivé et de l'exercice des pouvoirs	Personnes physiques ou morales (ex. : entreprises, États membres, Parlement, Conseil ou Commission)	Juge de premier instance recours directs (recours en annulation, en carence ou en responsabilité, ou contre la Commission)	Élargissement de sa compétence par le traité de Lisbonne, qui prévoit la création de chambres juridictionnelles adjointes au tribunal ayant une compétence spécialisée

La Cour européenne des droits de l'homme (CEDH) n'est pas une instance de l'UE. Elle veille au respect de la Convention européenne des droits de l'homme dont 47 États sont signataires.

2 Les juridictions nationales

A. Les juridictions de l'ordre administratif

Les juridictions de l'**ordre administratif** jugent les **contentieux** relatifs aux activités de l'administration.

Hiérarchie des juridictions administratives

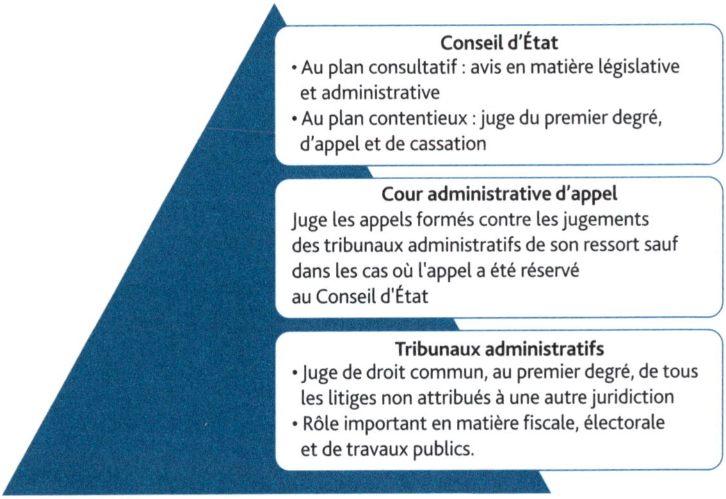

B. Les juridictions de l'ordre judiciaire

Les juridictions de l'**ordre judiciaire** sont au nombre de quatre. Parmi elles, le **tribunal judiciaire** peut comprendre, en dehors de son siège, des chambres de proximité appelées « tribunaux de proximité ». Leurs compétences et leurs ressorts sont fixés par décret.

Juridictions civiles de premier degré

Juridictions	Compétence d'attribution
Tribunal judiciaire (TJ) (formation collégiale)	• Compétence de principe : les affaires d'un certain montant (>10 000 €) et d'une certaine complexité. • Compétences exclusives (ex. : petits litiges européens, état des personnes). • TJ spécialisés ex. : baux commerciaux ; juges uniques spécialisés (ex. : juge des contentieux de la protection).
Tribunal de proximité (TP), rattaché au TJ (siège à juge unique)	• Compétences fixées par décret (ex. : actions personnelles ou mobilières jusqu'à 10 000 €). • Autres domaines de compétence, sur décision conjointe du premier président de la cour d'appel et du procureur général près de cette cour.
Tribunal de commerce (TC) • Juges consulaires : commerçants élus par des commerçants	• Litiges entre commerçants à propos de leurs commerces, à propos d'actes de commerce, entre associés de sociétés commerciales. • Statue en premier et dernier ressort jusqu'à 5 000 € et à charge d'appel au-delà.

Juridictions	Compétence d'attribution
Conseil de prud'hommes (CP) • Formation collégiale et paritaire : conseillers désignés par les ministères de la Justice et du Travail, sur proposition des syndicats et des organisations patronales	• Conflits individuels nés à l'occasion d'un contrat de travail. • Statue en premier et dernier ressort jusqu'à 5 000 € et à charge d'appel au-delà.

Juridictions pénales

Juridictions d'instruction		Juridictions de jugement		
Juge d'instruction : pouvoirs d'information et pouvoirs de juridiction	Chambre de l'instruction : juge d'appel des ordonnances du juge d'instruction et du juge des libertés et de la détention	• Tribunal de police : contraventions • Formation du TJ à juge unique	• Tribunal correctionnel : délits • Formation du TJ à 3 juges	Cour d'assises : crimes, 3 juges et 6 jurés

Cour d'appel et Cour de cassation

Cour d'appel	• Juge de droit commun au second degré • Division en chambres spécialisées (chambres civiles, chambre sociale, etc.) • Traitement des appels dirigés contre les décisions des juridictions de son ressort : TJ, tribunal de commerce, conseil de prud'hommes au-delà de 5 000 € • Décision : arrêt confirmatif ou infirmatif
Cour de cassation	• Sommet de la hiérarchie judiciaire • Garante de l'unité de l'application de la règle de droit • Saisine en cas de pourvoi formé contre toute décision rendue en dernier ressort par une juridiction de premier degré ou par une cour d'appel • Vérification de l'application de la règle de droit par les juges du fond • Décision : arrêt de rejet ou renvoi

Organisation générale de la justice française

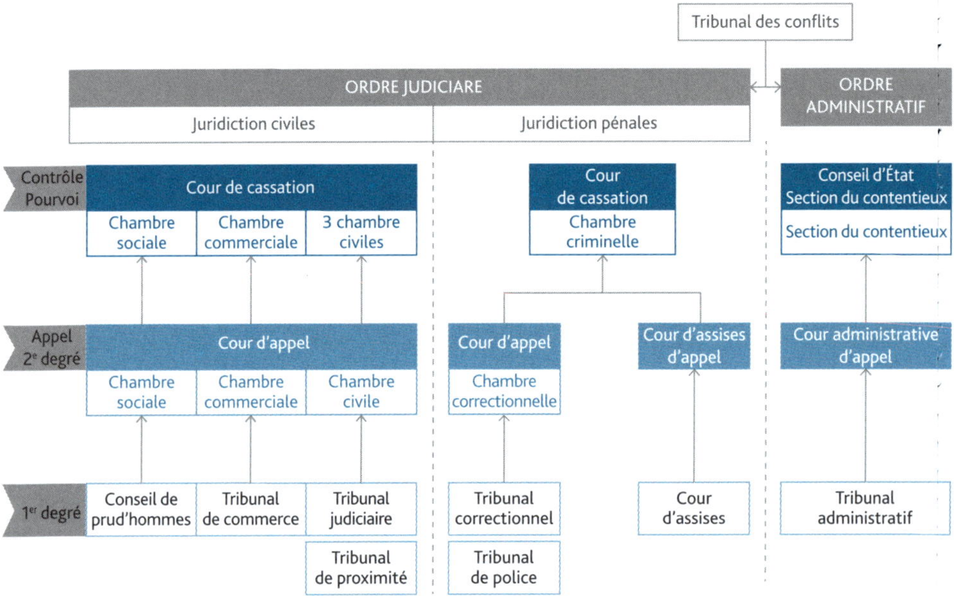

LE + DE L'EXPERT

Le tribunal judiciaire est une juridiction de droit commun. Elle connaît de tous les litiges civils non expressément attribués à une autre juridiction.

7 L'action en justice

Mots-clés

Action en justice • Auxiliaire de justice • Compétence • Intérêt • Jugement • Magistrat • Qualité

1 Les grands principes

A. Les principes fondamentaux européens et français

Grands principes européens issus de la CEDH (art. 6-1)	Droit à un procès équitable	Un procès loyal et respectant les règles de forme et de fond destinées à protéger les parties en présence.
	Droit à un procès public	Toutefois, l'accès de la salle d'audience peut être interdit à la presse et au public.
	Droit à un procès d'une durée raisonnable	Le délai se compte du jour de l'assignation devant les premiers juges jusqu'au prononcé de la décision par la Cour de cassation.
Grands principes français	Contradiction	Le juge doit entendre les deux parties et ne retient que les arguments échangés entre les parties et sur lesquels chacune est capable de présenter des observations.
	Publicité	Les débats sont publics.
	Oralité des débats	Les plaidoiries sont orales, sauf accord des parties pour une procédure sans audience.
	Gratuité	Les magistrats ne sont pas payés par les plaideurs mais par l'État.

B. La compétence des juridictions

Définition

La **compétence** est l'aptitude pour un tribunal à connaître, à instruire et à juger une affaire.

Le demandeur à l'action doit, en principe, apporter la justification de la tentative de résolution du litige à l'amiable.

Compétence matérielle	Attribution d'un litige à une juridiction en fonction de la valeur du litige, de la nature du litige et du degré de juridiction
Compétence territoriale	• Attribution de l'examen du litige à une juridiction géographiquement compétente • Principe : sauf dispositions contraires, tribunal du lieu où demeure le défendeur • Deux exemples d'exception au principe : – en matière de litige individuel du travail : le conseil de prud'hommes du lieu de travail, ou le lieu de l'engagement ou le siège de l'employeur à la convenance du salarié – en matière contractuelle : le demandeur a le choix entre le tribunal du lieu du domicile du défendeur ou du lieu de livraison si c'est un bien, du lieu de la prestation si c'est un service

C. Les conditions de recevabilité de l'action en justice

L'action en justice vise à faire respecter des droits subjectifs.

Définition

L'**action en justice** est le droit pour l'auteur d'une prétention d'être entendu sur le fond de celle-ci afin que le juge la dise bien ou mal fondée.

Pour l'adversaire, l'action en justice est le droit de discuter le bien-fondé de cette prétention (CPC, art. 30).

Conditions de l'action en justice

• Pas d'intérêt, pas d'action • Intérêt légitime, né et actuel, personnel et direct	Qualité : titre en vertu duquel une personne agit	Capacité : action par les personnes physiques capables et les personnes morales représentées par leurs representants légaux	Action dans les délais de prescription : exemple : 5 ans en matière de responsabilité civile

Délai pour agir

Forclusion
- Durée limitée d'un droit d'action dans des cas particuliers
- Origine légale ou contractuelle

Prescription
- Arrivée du terme légal marquant l'extinction d'un droit lorsque son titulaire est inactif
- Délai de droit commun : 5 ans

2 Le personnel de justice

A. Les magistrats

Les **magistrats** se répartissent en deux catégories :

- les magistrats du siège qui :
  - rendent des jugements et arrêts,
  - sont inamovibles et indépendants ;
- les magistrats du parquet qui :
  - requièrent l'application du droit au nom du pouvoir exécutif et de l'intérêt général,
  - sont amovibles et dépendent du pouvoir exécutif.

B. Les auxiliaires de justice

Les **auxiliaires de justice** se répartissent en deux catégories :

- les auxiliaires de juridiction qui sont permanents (greffiers, police judiciaire) ou occasionnels (experts, administrateurs judiciaires) ;
- les auxiliaires des parties qui sont avocats (ils représentent, assistent et conseillent les parties, ils plaident les affaires) ou officiers ministériels devenant commissaires de justice au 1er juillet 2022 (huissiers et notaires).

3 Le déroulement d'un procès devant le tribunal judiciaire

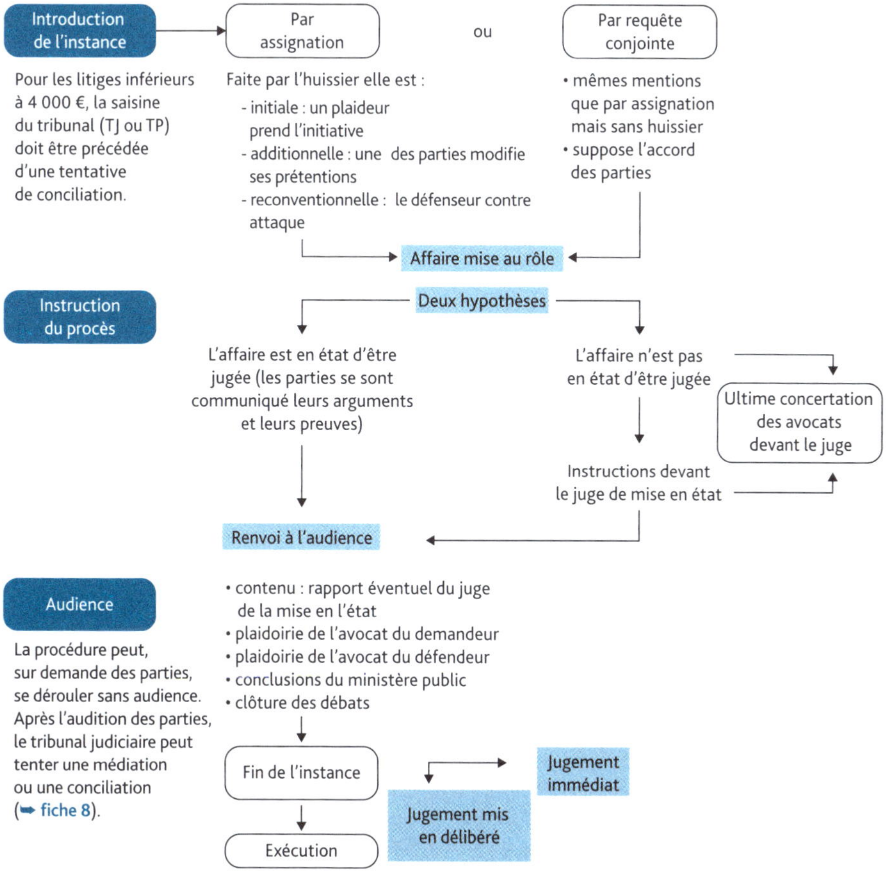

4 Le jugement

A. La rédaction du jugement

Le **jugement** se présente sous la forme d'un acte authentique appelé « minute » comprenant :

- des mentions relatives au juge, aux parties, à la demande, aux motifs et au dispositif ;
- les motifs, c'est-à-dire les arguments justifiant la décision des juges ;
- le dispositif, soit la décision à proprement parler.

B. Les effets du jugement

Les jugements rendus et délivrés aux parties ont pour effet de dessaisir le tribunal : ils revêtent autorité de la chose jugée et force exécutoire.

Force exécutoire et autorité de la chose jugée

Force exécutoire	• Possibilité de faire exécuter la décision rendue en recourant éventuellement à la force publique. Celui qui gagne le procès peut faire procéder à l'exécution forcée (ex. : saisie). • Caractère exécutoire acquis une fois les recours suspensifs (opposition et appel ➥ fiche 5) épuisés ou les délais expirés.
Autorité de la chose jugée	• Dessaisissement du juge qui ne peut plus modifier sa décision. • Invocation du jugement possible par les parties mais sans remise en cause de ce qui a été jugé. • Possibilités d'actionner les recours prévus par la loi.

5 Les voies de recours

	Nature	Qualification	Délai	Effet
Voies de recours ordinaires	Opposition	Voie de rétractation ouverte à une partie défaillante contre un jugement rendu par défaut	1 mois	Suspensif (en principe) Dévolutif
	Appel	Voie de réformation ouverte à une partie qui s'estime lésée par un jugement rendu en premier ressort	1 mois	Décisions de 1er degré de droit exécutoires, sauf exceptions Dévolutif
Voies de recours extra-ordinaires	Pourvoi en cassation	• Tend à l'annulation d'une décision pour violation de la loi • Ouverte à une partie insatisfaite d'un jugement rendu en dernier ressort	2 mois	Non suspensif Non dévolutif
	Tierce opposition	Voie ouverte aux tiers auxquels un jugement peut causer un préjudice.	2 mois	Non suspensif
	Recours en révision	• Formé contre un jugement non susceptible d'appel ou d'opposition • Voie de rétractation dans des cas limités (fraude, faux, pièces retrouvées, etc.)	Demande en révision possible même en cas de prescription des faits	Non suspensif

LE ✚ DE L'EXPERT

- Pour déterminer la compétence matérielle d'un tribunal, il faut examiner les parties en présence, la nature et le montant du litige.
- Pour déterminer la compétence territoriale, il faut repérer le domicile du défendeur.

Ex. : un litige oppose les époux Duflos, habitant Angers, à Mme Lambert, domiciliée à Tours, laquelle leur a vendu un canapé d'une valeur de 700 € livré. Il s'agit d'un litige entre particuliers, de nature civile. Le montant est inférieur à 10 000 € : il relève de la compétence du TJ ou du TP (s'il en existe un). Le défendeur est Mme Lambert. Le canapé a été livré à Tours. Le tribunal compétent est le TJ ou le TP (s'il en existe un) de Tours (lieu du défendeur, lieu de livraison).

8 Les modes alternatifs de règlement des différends

Mots-clés

Arbitrage • Conciliation conventionnelle • Conciliation judiciaire • Médiation conventionnelle • Médiation judiciaire • Modes alternatifs de règlements des différends

1 Le recours aux MARD

Définition

Les **modes alternatifs de règlement des différends** (MARD) sont des solutions autres que la résolution judiciaire visant à négocier l'issue d'un litige.

Au-delà de l'obligation de conciliation inscrite dans le Code civil, les MARD présentent de nombreux avantages.

Avantages des MARD

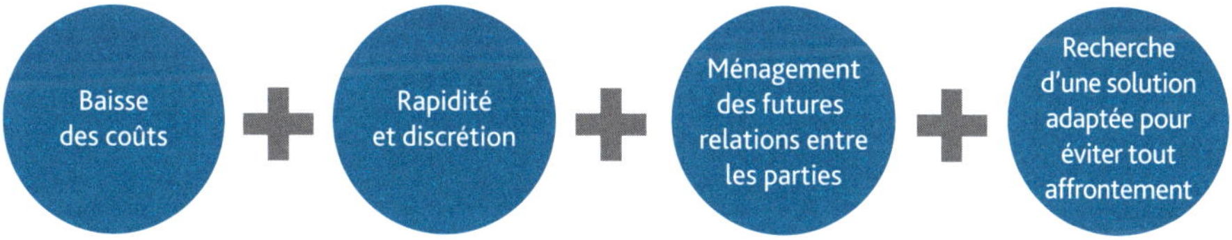

2 Les MARD et les tribunaux

A. Devant le tribunal judiciaire

Le principe veut que le recours à un MARD soit obligatoire pour les demandes dont le montant est inférieur ou égal à 5 000 €.

Parmi les exceptions, on trouve notamment le crédit, le motif légitime, etc.

B. Devant le tribunal de commerce

La conciliation est une simple faculté. Un conciliateur de justice peut être désigné lorsque cela paraît envisageable. Le juge du tribunal peut procéder lui-même à la conciliation.

C. Devant le conseil de prud'hommes

Toute procédure commence par une tentative de conciliation.

3 Les MARD judiciaires

Principe directeur de la procédure civile : la conciliation entre, à tout moment de l'instance, dans la mission du juge.

A. La conciliation judiciaire

Bénévole, le **conciliateur de justice** est désigné par le juge auprès d'un tribunal qui fixe la durée de sa mission. Il tente de faire parvenir les parties à une solution amiable.

Effets de la conciliation judiciaire

Conciliation

↓ **Accord ou absence d'accord (non-conciliation)**
Procès-verbal signé par les parties et le juge ayant valeur exécutoire

↓ **Constat**
- Signé par les parties et le conciliateur
- Homologation judiciaire éventuelle

B. La médiation judiciaire

Définition

La **médiation judiciaire** est ouverte au cours de l'instance, sur tout ou partie du litige afin de trouver des solutions.

Désigné par le juge, le médiateur entend les parties et confronte leur point de vue.

Contrairement à la conciliation, la médiation ne peut être imposée par le juge mais ce dernier doit enjoindre les parties à rencontrer un médiateur qu'il désigne en tout état de la procédure.

Effets de la médiation judiciaire

Médiation

Le juge n'est pas dessaisi

↓ **Accord ou absence d'accord**
Information du juge

↓ **Homologation de l'accord**
À la demande des parties

4 Les MARD conventionnels

A. La conciliation conventionnelle

Définition

La **conciliation conventionnelle** est la recherche d'un arrangement amiable par les parties, entre elles ou avec l'aide d'un tiers lors d'un litige.

Litiges concernés par la conciliation conventionnelle

La conciliation conventionnelle ne s'applique pas aux affaires pénales, familiales et aux conflits entre administrés et administrations.

Acteurs, mise en œuvre et issues de la conciliation conventionnelle

Acteurs	• Les parties. • Un conciliateur est choisi par les parties.	
Mise en œuvre	• Le conciliateur entend les parties à huis clos. • Le conciliateur propose une solution aux parties. • Les délais de prescription sont suspendus.	
Issues	Accord	• Signé par les parties. • Force exécutoire donnée par le juge.
	Échec	Saisine de la justice par les parties possible.

B. La médiation conventionnelle

Définition

La **médiation conventionnelle** est le recours à un médiateur organisé par les parties

Le médiateur	• Désigné librement par les parties. • Prévu dans le contrat, ou désigné à la survenance du litige.	
La mise en œuvre	• Le médiateur entend les parties. • Déroulement fixé par les parties qui peuvent se faire assister par un avocat. • Suspension des délais de prescription.	
Deux issues	Accord	Les parties peuvent le faire homologuer par le juge pour lui donner force exécutoire.
	À défaut d'accord	L'une des parties peut porter le conflit devant les tribunaux. En cas d'accord partiel, le juge peut statuer sur les désaccords restant en suspens.

C. L'arbitrage

Définition

L'**arbitrage** est un mode de règlement d'un différend conventionnel qui fait appel à un juge privé, un arbitre, désigné par les parties.

Recours à l'arbitrage

Clause compromissoire	• Clause écrite par laquelle les parties à un contrat entendent soumettre leurs éventuels litiges à un arbitre • Indique le nom de l'arbitre ou son mode de désignation
Compromis	• Un écrit par lequel les parties soumettent un litige né à un arbitre • Précise l'objet du litige, le nom de l'arbitre ou son mode de désignation • Exclu dans certains litiges (ex. : brevets, procédures collectives)

Les recours à l'arbitrage sont exclus en matière d'état des personnes, d'ordre public, de divorce et séparation de corps, de collectivités territoriales et d'établissements publics.

L'arbitre est désigné et rémunérée par les parties. Il est indépendant et impartial. Il doit mener sa mission à son terme (6 mois, en principe). La procédure est confidentielle.

Mise en œuvre de la procédure

L'arbitre entend les parties : application des principes fondamentaux de procédure (loyauté, équité)	Il rédige une sentence arbitrale qui a autorité de la chose jugée (force exécutoire par le TGI)	Un recours en annulation est possible Il n'y a pas d'appel, sauf volonté des parties

Trois types de MARD

	Conciliation	Médiation	Arbitrage
Domaine	• Règlement des litiges portant sur des droits dont les parties ont la libre disposition • Possibilité pour le conciliateur de justice de procéder aux tentatives de conciliation prévues par la loi (sauf divorce et séparation de corps)	• Contentieux privé (droit de la famille, droit commercial, droit du travail) • Contentieux répressif (petites infractions) • En principe, à n'importe quel stade de la procédure	• Clause compromissoire valable en matière commerciale et en matière civile pour des raisons professionnelles • Compromis interdit en matière d'état et de capacité des personnes, et d'ordre public
Objectif	Amener les parties à trouver une solution à leur différend	Aider les parties à élaborer elles-mêmes la solution à leur litige	Juger en droit ou en équité
Organe	• Conciliateur désigné par les parties ou sur délégation du juge • Personne du juge	• En droit privé, médiateur désigné par ordonnance du juge sur accord des parties • En droit pénal, médiateur désigné par le procureur	Un ou plusieurs arbitres, personnes physiques choisies éventuellement par les parties
Décision	PV de conciliation	Information du juge de l'accord ou du désaccord	Sentence arbitrale
Nature juridique de la décision	• Force exécutoire (en cas de délégation du juge) • En cas d'échec, possibilité de saisir la juridiction compétente	Possibilité d'homologation de l'accord en cas de retour au juge	• Autorité de la chose jugée • Force exécutoire conférée par le juge • Recours en appel lorsque les parties le prévoient • Recours en annulation (sauf si les parties ont prévu la voie de l'appel)

LE + DE L'EXPERT

Les MARD se différencient notamment selon l'engagement du tiers qui préside au règlement du litige. Le conciliateur rapproche les points de vue. Le médiateur émet des recommandations. L'arbitre tranche. L'arbitrage est impossible dans de nombreux cas.

9 Les personnes

Mots-clés

Curatelle • Incapacité • Personne juridique • Personne morale • Personne physique • Sauvegarde de justice • Tutelle

1 La personne juridique

Définition

Les **personnes juridiques** sont des sujets de droits. La personne se définit comme l'aptitude à être titulaire de droits subjectifs et débiteur d'obligations.

▶ Exemples

Intenter une action en justice, devenir propriétaire, exécuter un contrat, payer des impôts, indemniser une victime… sont autant d'actes exercés par une personne juridique. ◀

La personnalité juridique est attribuée aux personnes physiques et aux personnes morales.

Personne physique et personne morale

Une personne physique
- Un être humain
- Tout être humain

Une personne morale
- Un groupement de personnes auquel la loi attribue un statut juridique
- Exemple : association, société, GIE…

Personnes juridiques

	Acquisition de la personnalité juridique	Utilité
Personnes physiques	Elle apparaît et disparaît avec la vie humaine, ou avant la naissance si l'enfant nait vivant et viable et qu'il en va de son intérêt Ex. : acquérir une succession	Des attributs qui lui sont propres, un patrimoine, une capacité juridique
Personnes morales	À la suite de formalités prévues par la loi Ex. : la société doit être immatriculée	Un patrimoine distinct de celui de ses membres, une capacité juridique

2 L'identification des personnes

Les **personnes physiques** et les **personnes morales** ont des caractéristiques différentes.

Éléments d'identification

	Personne physique	Personne morale
Nom	Deux éléments le composent : – le nom de famille – les accessoires (ex. : prénom)	Dénomination sociale choisie librement dans le respect de l'ordre public, des bonnes mœurs et des droits des tiers
Domicile	• Lieu où la personne a son principal établissement • Lieu choisi librement	Siège social précisé dans les statuts
Nationalité	Lien juridique entre une personne et un état	Nationalité du siège social

3 Le cas particulier de l'incapacité des personnes physiques

A. L'incapacité de jouissance et l'incapacité d'exercice

Définition

L'**incapacité** désigne les droits limités d'une **personne juridique**.

Une personne peut être privée d'acquérir un droit ou d'en jouir (incapacité de jouissance) ou ne pas pouvoir exercer librement ses droits (incapacité d'exercice).

Formes d'incapacité

Incapacité de jouissance	Incapacité d'exercice
• Elles sont toujours spéciales sinon elles aboutiraient à la négation de la personnalité. • Elles sont justifiées par la nécessité de protéger une personne ou reposent sur une mesure de défiance vis-à-vis d'une autre.	Elles ont pour objectif de protéger une personne en l'empêchant d'exercer des droits dont elle est titulaire.

B. Le cas des mineurs

Mineur

Non émancipé
- Administration et jouissance (jusqu'à ses 16 ans) des biens du mineur par ses parents (des actes interdits, des actes soumis à l'autorisation du juge des contentieux de la protection)
- Réalisation d'actes très personnels (ex. : reconnaissance de son enfant)

Émancipé
- Demande adressée au juge des contentieux de la protection par le représentant légal
- Pleine capacité dans les actes de la vie civile
- Assume ses dettes et mise en cause possible de sa responsabilité.

C. Le cas des majeurs protégés

Il existe trois principaux régimes de protection :

- la **sauvegarde de justice** ;
- la **curatelle** ;
- la **tutelle**.

Régimes de protection des majeurs

	Sauvegarde de justice	Curatelle	Tutelle
Formes	Contrôle *a posteriori* des actes accomplis par le majeur	Assistance du majeur frappé d'une incapacité partielle	Représentation du majeur frappé d'incapacité totale
Mise en œuvre	• Déclaration médicale, sur décision du juge des contentieux de la protection et du procureur de la République • Durée 1 an renouvelable	• Déclaration médicale enregistrée par le procureur de la République ou sur décision du juge des contentieux de la protection • Durée 5 ans renouvelable • Mesures de publicité	• Décision du juge des contentieux de la protection • Durée 5 ans en principe, renouvelable dans la limite de 20 ans • Mesures de publicité
Organes	Éventuellement désignation d'un mandataire spécial	Curateur	Tuteur et, dans certains cas, conseil de famille
Étendue de l'incapacité	• Peut accomplir tous les actes • Ces actes pourront faire l'objet d'une action en rescision pour lésion ou en réduction pour excès	• Peut accomplir seul les actes de gestion courante et touchant à sa vie privée • Doit être assisté pour les actes de disposition	• Ne peut en principe accomplir aucun acte Les actes accomplis par le majeur sont nuls de droit • Actes de disposition par le tuteur et le conseil de famille ou le juge des contentieux de la protection

D. Les actions en nullité

La personne est protégée par deux types d'action en nullité :

- L'action en rescision pour lésion (Code civil, article 435 al. 2) suppose l'existence d'un déséquilibre entre les prestations réciproques au moment de la conclusion du contrat.

▶ **Exemple**

Un majeur sous mesure de sauvegarde qui achèterait une automobile d'occasion pour un prix équivalent à celui d'une voiture neuve se verrait opposer la nullité (relative) de l'acte. ◀

- L'action en réduction pour excès (Code civil, article 435 al. 2). Elle sanctionne l'inutilité de la dépense ou la disproportion entre cette dépense et les ressources de la personne protégée. Elle aboutit à une nullité partielle ou à une annulation totale de l'acte.

▶ Exemple

L'achat d'une troisième automobile (pour deux) ou encore l'achat d'une voiture de collection sont autant d'actes pouvant faire l'objet d'une action en réduction. ◀

4 La capacité des personnes morales

Capacité de jouissance

- Fonction de la nature de la personne morale
- Limitée par la règle de spécialité (objet de la personne morale)

Capacité d'exercice

Détenue par les organes représentant la personne morale

LE ✚ DE L'EXPERT

Pour déterminer si une personne physique a la capacité d'effectuer un acte, il faut repérer son statut (mineur, mineur émancipé, majeur, majeur protégé) et le type d'acte concerné (conservatoires, d'administration, de disposition).

10 Le commerçant

Mots-clés

Acte de commerce • Acte mixte • Commerçant • Liberté du commerce et de l'industrie • Régime matrimonial • Statut du conjoint

1 La liberté du commerce et de l'industrie

Le principe est la **liberté du commerce et de l'industrie**. Elle connaît néanmoins des limites.

Principe et limites

Principe	Limites
• Liberté d'entreprise : droit d'exercer une activité commerciale pour toute personne + • Liberté d'exploiter : conduite des affaires	• Limites légales : liées aux personnes (mineur, étranger, déchéances) et aux activités (interdites car contraires à l'ordre public ou contrôlées) • Limites conventionnelles : clause de non-concurrence

2 Les actes de commerce

Il existe trois catégories d'**actes de commerce** :

- Les actes de commerce par nature : ils sont naturellement commerciaux. Ils sont classés par la jurisprudence et la doctrine en trois catégories :
  - le négoce ou la distribution ;
  - les activités de transformation ;
  - les activités de service.
- Les actes de commerce par la forme : ils sont commerciaux, quelle que soit la personne qui les effectue.
- Les actes de commerce par accessoire : ce sont des actes civils par nature effectués par un commerçant dans l'exercice et pour les besoins de son commerce. Ils bénéficient d'une présomption simple de commercialité.

▶ Exemples

- Le cas le plus fréquent d'acte de commerce par nature est l'achat de biens meubles pour les revendre sous trois conditions : l'achat d'un bien meuble, l'intention de revendre, la revente en l'état ou après transformation non substantielle.
- L'émission de lettres de change ou encore la création d'une société commerciale sont des actes de commerce par la forme courants.
- Le commerçant qui achète un véhicule utilitaire pour livrer ses clients effectue un acte de commerce par accessoire. ◀

L'**acte mixte** constitue un cas particulier.

Définition

Un **acte mixte** lie un commerçant à un non-commerçant : il s'agit d'un acte qui est un acte de commerce pour le commerçant et un acte civil pour le non-commerçant.

Règles applicables à l'acte mixte

Compétence judiciaire	• Demandeur commerçant : litige à porter devant les tribunaux civils • Demandeur non commerçant : option de juridiction civile ou commerciale
Prescription	Par 5 ans
Clause compromissoire	Impossibilité de prévoir contractuellement le recours à un arbitre en cas de litige
Preuve	• Preuve contre un commerçant : liberté de la preuve (Code de commerce, article L. 110-3) • Preuve contre un non-commerçant : règles du droit civil (écrit obligatoire au-delà de 1 500 €).

3 Le statut de commerçant

Pour être **commerçant**, il faut satisfaire trois conditions.

Critères de définition du commerçant

Exercice d'actes de commerce... → ... à titre de profession habituelle : satisfaction de ses besoins financiers... → ... à titre indépendant, en son nom et pour son propre compte

4 Les obligations et responsabilités du commerçant

Obligations	Responsabilités
• Inscription au registre général dématérialisé des entreprises (présomption de statut de commerçant) • Comptables : enregistrement des mouvements affectant le patrimoine, archivage pendant 10 ans, logiciel comptable • Bancaires : détention d'un compte • Fiscales : TVA, CET, BIC • Sociales : affiliation au régime de Sécurité sociale, cotisations, contributions	• Principe : il répond des dettes commerciales sur le patrimoine sauf la résidence principale • Options possibles : – statut d'EIRL (entrepreneur à responsabilité limitée, création d'un patrimoine d'affectation) – insaisissabilité par acte authentique de bien immobilier à usage personnel • Responsabilité civile contractuelle et extracontractuelle (➥ **fiches 18 et 26**) • Responsabilité pénale (➥ **fiche 25**)

5 Le statut personnel du commerçant

	Principes	Conséquences
Capacité	• Le commerçant doit être majeur. • Il doit être capable.	• Un mineur ne peut exercer la profession de commerçant. • Le majeur protégé, sous sauvegarde de justice et sous curatelle, autorisé par le juge des contentieux de la protection peut exercer le commerce mais ses actes pourront être rescindés pour lésion ou réduits pour excès.
Mariage	• Exercice libre de l'activité commerciale par chacun des époux. • Cas particulier des époux dans le même commerce.	• Influence du régime matrimonial sur l'engagement des biens : communauté légale (existence de biens communs) et séparation des biens (biens propres). • Statut du conjoint à déterminer : salarié par défaut, associé ou collaborateur.
Pacs	Gestion du fonds de commerce, bien propre.	• Fonds acquis avant la conclusion d'un Pacs : Le commerçant conserve la propriété de son fonds et la plénitude de ses pouvoirs de gestion. • Fonds acquis après la conclusion d'un Pacs : le fonds est la propriété exclusive de l'acquéreur. Mais les partenaires peuvent choisir de se soumettre au régime de l'indivision. • Statut du partenaire à déterminer.
Nationalité	• Ressortissants hors UE : réciprocité législative et titre de séjour temporaire autorisant l'exercice d'une activité professionnelle économique viable. • Citoyens de l'UE et de l'espace économique européen (EEE) ou titulaires d'une carte de résident : dispense de titre de séjour et liberté d'établissement.	Mêmes obligations fiscales et sociales qu'un commerçant français.
Incompatibilités et déchéances	• Incompatibilités. • Déchéances.	• Interdictions pour certaines personnes d'exercer le commerce en raison de leurs fonctions ou de leur profession. • Interdictions liées à la moralité des personnes souhaitant obtenir le statut de commerçant.

6 Le régime matrimonial et le fonds de commerce

Les deux principaux **régimes matrimoniaux** sont :

- La communauté légale (régime par défaut, en l'absence de contrat de mariage, dit « régime légal »). On distingue les biens propres de chaque époux acquis avant le mariage et les biens communs des époux acquis après le mariage.
- La séparation de biens. Chaque époux est propriétaire des biens qu'il a acquis avant ou après son mariage. Il n'y a pas de biens communs.
- Le fonds de commerce est l'ensemble des éléments corporels et incorporels organisés en vue d'exploiter une clientèle (➥ fiche 14).

Gestion de l'activité commerciale selon le statut marital

		Gestion du fonds de commerce	Résultats de l'exploitation
Communauté légale	Exploitation d'un fonds de commerce commun	• L'époux commerçant a les pouvoirs de gestion les plus étendus. Il accomplit les actes d'administration et de disposition qui sont nécessaires à l'activité commerciale. • Il ne peut, seul, ni aliéner, ni grever de droits réels les immeubles, fonds de commerce et exploitations dépendant de la communauté ; il ne peut pas davantage consentir un bail commercial sur l'immeuble commun.	Les résultats (bénéfices ou pertes) de l'exploitation entrent en communauté.
	Exploitation d'un fonds de commerce propre	L'époux propriétaire a tous les pouvoirs d'administration et de disposition de ce bien, sans aucune restriction et sans que son conjoint puisse normalement s'y opposer.	Les dettes et les bénéfices de l'exploitation entrent en communauté, sauf récompense éventuelle.
Séparation des biens	Exploitation d'un fonds de commerce propre	L'époux commerçant et propriétaire du fonds l'administre et en dispose seul.	L'époux commerçant et propriétaire perçoit seul les bénéfices et supporte seul les pertes.

7 Le statut du conjoint ou partenaire du commerçant

Outre le régime matrimonial se pose aussi la question du **statut du conjoint** ou partenaire du commerçant. Le choix d'un statut par le conjoint du commerçant est obligatoire. À défaut, il est salarié.

Conjoint-collaborateur	• Tout conjoint ou partenaire de Pacs qui n'exerce pas parallèlement une autre profession. Collaboration effective à l'entreprise (mention au registre général dématérialisé des entreprises) sans rémunération. • Mandat présumé du conjoint commerçant d'accomplir en son nom des actes d'administration de l'entreprise (ne vaut pas qualité de commerçant). • Affiliation au régime général de sécurité sociale des indépendants. Non éligible à l'assurance chômage.
Conjoint salarié	• Contrat de travail liant le conjoint ou partenaire au commerçant. Participation effective à l'activité commerciale à titre professionnel et habituel, perception d'un salaire au moins égal au Smic. • Affiliation au régime général de la Sécurité sociale et à l'assurance chômage.
Conjoint associé	• Statut ouvert lorsqu'une société est constituée. • Le conjoint est soumis, à titre personnel et obligatoire, au régime général de sécurité sociale des indépendants. Il doit adhérer à titre personnel à l'assurance vieillesse du chef d'entreprise.

LE + DE L'EXPERT

L'exercice en nom propre avec confusion de patrimoine (sauf habitation principale) invite le commerçant à choisir son régime matrimonial s'il décide de se marier ainsi que le statut de son conjoint qui participerait au commerce.

11 Les professionnels de la vie des affaires non commerçants

Mots-clés

Agriculteur • Artisan • Profession libérale

1 L'artisan

Définition

Aux termes de la loi du 5 juillet 1996 (art. 19) sont **artisans** « les personnes physiques et les personnes morales qui n'emploient pas plus de dix salariés et qui exercent à titre principal ou secondaire une activité professionnelle indépendante de production, de transformation, de réparation ou de prestation de service relevant de l'artisanat et figurant sur une liste établie par décret en Conseil d'État ».

Critères jurisprudentiels de qualification d'un artisan

Statut de l'artisan

- Dispositions du droit civil
- Immatriculation au registre général dématérialisé des entreprises justifiant de la qualification professionnelle
- Bénéficiaire de la législation des baux commerciaux
- Assujetti à l'IRPP dans la catégorie des BIC
- Assujetti à la TVA
- Bénéficie d'un fonds artisanal et de l'EIRL, et du statut du conjoint ou partenaire comme dans le cas de commerçant
- Soumis au droit des entreprises en difficulté
- Régime général de sécurité sociale des indépendants

Les titres d'artisan et de maître-artisan sont accordés après vérification des qualités professionnelles :

- Pour prétendre au titre d'artisan, il faut :
  - soit être titulaire d'un certificat d'aptitude professionnelle (CAP), d'un brevet d'études professionnelles (BEP) ou d'un titre homologué d'un niveau au moins équivalent dans le métier exercé ou dans un métier connexe,
  - soit pouvoir justifier d'une immatriculation dans le métier concerné d'au moins trois ans ;
- Pour être éligible au titre de maître-artisan, il faut être titulaire d'un brevet de maîtrise et avoir exercé dans le domaine pendant au moins deux ans.

2 L'agriculteur

Définition

Le Code rural (art. L. 311-1) délimite le domaine d'activité des **agriculteurs**. Aux termes de celui-ci « sont réputées agricoles toutes les activités correspondant à la maîtrise et à l'exploitation d'un cycle biologique de caractère végétal ou animal et constituant une ou plusieurs étapes nécessaires au déroulement de ce cycle ainsi que les activités exercées par un exploitant agricole qui sont dans le prolongement de l'acte de production ou qui ont pour support l'exploitation ».

Définition de l'agriculteur

Exercice d'une activité agricole + Titre juridique sur des biens fonciers = Agriculteur

Statut de l'agriculteur

- Activité civile
- Inscription à la chambre d'agriculture
- Existence d'un fonds agricole
- Détient un titre de jouissance sur des biens fonciers (propriété, usufruit ou location)
- Statut d'EIRL, statuts du conjoint ou du partenaire comme dans le cas de commerçant, soumis au droit des entreprises en difficulté
- Sur le plan social, relève de la mutualité sociale agricole
- Assujettissement à l'IRPP dans la catégorie BA
- Assujettissement à TVA

3 Le professionnel libéral

Sont réputées **professions libérales** les personnes exerçant à titre habituel, de manière indépendante et sous leur seule responsabilité, une activité de nature civile ayant pour objet d'assurer, dans l'intérêt du client et du public, des prestations principalement intellectuelles, techniques ou de soins mises en œuvre au moyen de qualifications professionnelles appropriées et dans le respect de principes éthiques ou d'une déontologie professionnelle, sans préjudice des dispositions législatives applicables aux autres formes de travail indépendant (loi du 22 mars 2012, art. 29).

Critères de l'activité libérale

Exercice d'une activité civile	• Effort purement intellectuel et donc essentiellement personnel • Exclusion de toute spéculation sur la marchandise, le matériel et le travail d'autrui
Qualification professionnelle	• Fourniture d'une prestation intellectuelle • Formation, titre ou diplôme adéquat

Soumission à une déontologie	• Respect d'une déontologie professionnelle • Droits et devoirs qui résultent de la loi ou d'un code de déontologie édicté par une organisation professionnelle (ordre professionnel) assorti de sanctions disciplinaires (ex. : suspension, radiation) • Un certain désintéressement

Statut du professionnel libéral

- Règles de droit civil
- Professions réglementées et non réglementées
- Statut d'EIRL, du conjoint ou partenaire, application du droit des entreprises en difficulté
- Cession de clientèle civile soumise à condition
- Assujettissement au régime fiscal de l'IRPP, dans la catégorie des BNC

Mise en doute du caractère civil de l'activité

Travail d'autrui	Développement du salariat : spéculation sur le travail d'autrui
Matériel	Place croissante des moyens matériels : matériel médical, ressources et matériels informatiques
Fonctionnement sous la forme sociale	Possibilité de recours aux sociétés d'exercice libéral (SEL) s'inspirant des sociétés commerciales (apports, partage des bénéfices ou des économies)

Les professions libérales peuvent être :

- Réglementées. La loi définit une réglementation spécifique avec une déontologie contrôlée par des institutions professionnelles comme l'Ordre des experts comptables ou l'Ordre des avocats. Leur titre fait l'objet d'une protection et des qualifications précises peuvent être demandées.
- Non réglementées. La catégorie des professions libérales non réglementées regroupe les professions dont l'activité n'est pas directement liée au commerce, à l'industrie, à l'artisanat ou à l'agriculture. Ce sont des professions à caractère intellectuel ou artistique.

▶ **Exemples**

Un consultant en ressources humaines ou un conseiller artistique relève de la catégorie des professions libérales non réglementées. ◀

LE + DE L'EXPERT

Il est parfois difficile de déterminer si une personne a la qualité d'artisan ou de commerçant : l'artisan est une personne qui ne spécule ni sur les marchandises, ni sur la main-d'œuvre. Il doit donc n'employer qu'un petit nombre de salariés et tirer l'essentiel de ses revenus de son travail manuel. Fréquemment, un artisan réalise des actes de commerce ; l'immatriculation au registre général dématérialisé des entreprises est alors requise.

12 Le patrimoine

Mots-clés

Bien • Droit de gage général • Fiducie • Patrimoine • Patrimoine d'affectation • Universalité de droit

1 La théorie classique du patrimoine

Toute personne physique ou morale a un **patrimoine** constitué par l'ensemble de ses droits et obligations évaluables en argent constituant une **universalité de droit**.

Actif	+	Passif
Ensemble des biens et des droits (droits réels et droits de créance)		Ensemble des obligations (dettes, charges)

Toute personne possède un et un seul patrimoine (règle de l'unité du patrimoine). Tout patrimoine appartient à une personne, physique ou morale.

2 La composition du patrimoine

A. Les droits patrimoniaux

Droits réels	Pouvoir exercé directement par une personne sur une chose.	Propriété d'un meuble, d'une maison.
Droits personnels (ou de créance)	Pouvoir juridique qui permet à une personne, le créancier, d'exiger d'une autre, le débiteur, une prestation ou une abstention.	Pierre, débiteur, doit 1 000 € à Julie, créancier.
Droits intellectuels	• Confèrent un monopole d'exploitation qui porte sur des créations ou des œuvres de l'esprit (droit d'auteur, propriété industrielle) ou les clientèles (fonds de commerce, clientèles civiles). • Opposables à tous.	• Audrey invente un procédé technique de chargement d'un smartphone grâce à la chaleur du corps. • Quentin écrit un roman.

B. Les biens

Définition

Un **bien** est une chose corporelle (un véhicule, une machine) ou incorporelle (une créance).

Biens immeubles	Par nature	Fonds de terre et bâtiments.
	Par destination	Objets placés par le propriétaire de l'immeuble pour le service ou l'exploitation de cet immeuble.
	Par l'objet auquel il s'applique	Usufruit, actions en revendication d'un immeuble.

Biens meubles (tout ce qui n'est pas immeuble est meuble)	Par nature	Bien qui peut se transporter d'un lieu à un autre.
	Par détermination de la loi	Liste de l'article 529 du Code civil (ex. : actions et obligations).

3 Le droit de gage général des créanciers

En droit français, les droits et les obligations forment un tout, intimement lié. Le passif naît de la gestion de l'actif et l'actif est affecté au paiement du passif. Par conséquent, tout créancier a un droit de gage général sur les biens de son débiteur.

Définition

Le **droit de gage général** permet aux créanciers de poursuivre le paiement de leur créance sur l'ensemble du patrimoine de leur débiteur.

Droit de gage du créancier

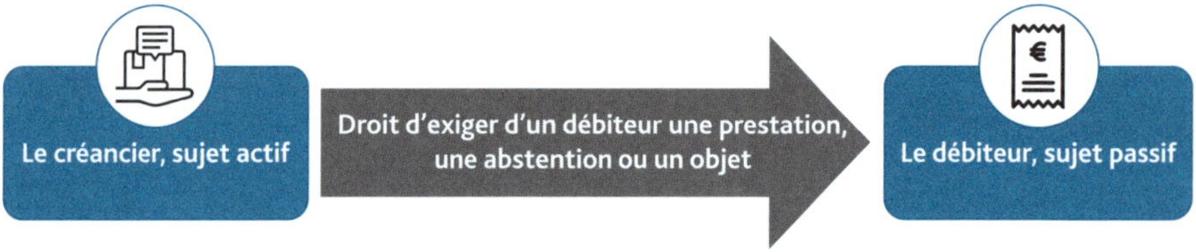

Le droit de gage est dit « général » car il ne porte pas sur un bien déterminé, mais sur tous ceux qui appartiennent au débiteur au moment de l'action du créancier. Tous les créanciers d'un même débiteur ont ensemble le même droit de gage général sur les biens du débiteur. Aucun créancier n'est avantagé par rapport à un autre, sauf si sa créance est assortie d'une sûreté.

On distingue :

- Les créanciers privilégiés. Il dispose d'un droit de préférence, c'est-à-dire une sûreté réelle, sur le bien (➥ fiche 24).
- Les créanciers chirographaires. Ce sont les créanciers ordinaires, non privilégiés, qui ont un droit de gage général.

4 Le patrimoine d'affectation

Définition

Le **patrimoine d'affectation** est l'ensemble des biens affectés à des destinations particulières.

Une personne peut avoir plusieurs patrimoines en fonction des buts qu'elle affecte à chacun d'entre eux. Ces patrimoines peuvent être facilement transmis.

Application de la théorie du patrimoine d'affectation au droit des affaires : l'EIRL et la fiducie

Statut d'entrepreneur individuel à responsabilité limitée (EIRL)

Deux patrimoines :
- Un patrimoine affecté à l'activité professionnelle, gage des créanciers professionnels
- Un patrimoine personnel, gage des créanciers personnels

Fiducie
- Transfert temporaire d'un bien par le constituant à un fiducidaire
- Administration du bien par le fiducidaire dans un but déterminé

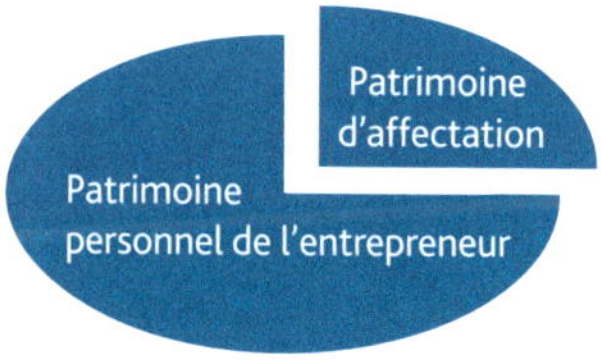

La **fiducie** peut revêtir deux formes :
- La fiducie-gestion est utilisée comme un instrument de gestion permettant au fiduciaire de gérer librement les biens transmis.
- La fiducie-sûreté est utilisée pour garantir une créance. Dans ce cas, le débiteur transfère un bien à un tiers tant qu'il n'a pas remboursé sa dette.

LE + DE L'EXPERT

L'entrepreneur individuel, l'entrepreneur individuel à responsabilité limitée (EIRL) et l'entreprise unipersonnelle à responsabilité limitée (EURL) ne doivent pas être confondus. Les deux premiers n'ont pas la personnalité morale. L'entrepreneur individuel ne dispose que d'un seul patrimoine ; l'EIRL, d'au moins deux, clairement séparés. Enfin, l'EURL est une société, une personne morale, qui possède un patrimoine distinct de celui de son seul associé.

13 La propriété

Mots-clés

Abus du droit de propriété • *Abusus* • *Fructus* • Trouble anormal de voisinage • Usufruit • *Usus*

1 Le droit de propriété : attributs et caractères

▶ Code civil

Article 544. La proprieté est le droit de jouir et de disposer des choses de la manière la plus absolue, pourvu qu'on n'en fasse pas un usage prohibé par les lois ou par les règlements.

A. Les attributs du droit de propriété

Le droit de propriété emporte trois attributs, l'*usus*, le *fructus* et l'*abusus*.

Les trois attributs du droit de propriété

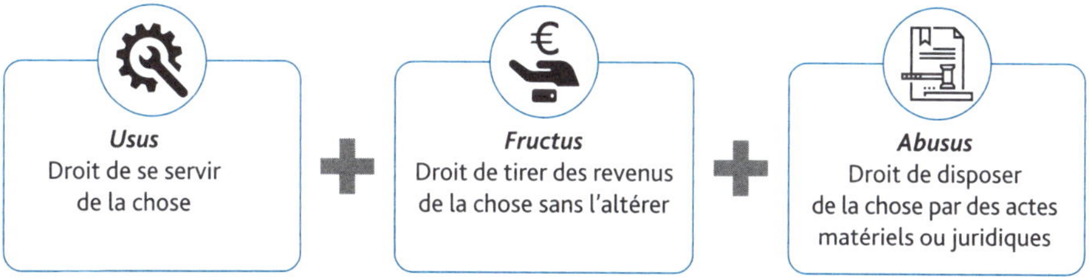

B. Les caractères du droit de propriété

Droit réel	Il porte directement sur la chose qu'il a pour objet.
Droit absolu	• Il donne la faculté de tirer de la chose toutes les utilités dont elle est susceptible (usus, fructus, abusus). • En pratique, ce droit absolu est très relatif car l'article 544 du Code civil le limite.
Droit exclusif	Le propriétaire peut interdire à toute personne de tirer profit des utilités de sa chose. Ce caractère connaît des limites.
Droit perpétuel	• Il dure autant que la chose qui en est l'objet et ne s'éteint pas par le non-usage. • Ce caractère connaît des limites.

2 L'acquisition de la propriété par acte juridique

Actes juridiques	• À titre gratuit : donation • À titre onéreux : vente, échange	
Effet de la propriété	Transfert immédiat de la chose	
Limites au principe du transfert immédiat	Par la volonté des parties	Clause de réserve de propriété qui retarde le transfert du bien au paiement intégral du prix
	Choses de genre (chose prise dans un ensemble)	Transfert de propriété lorsque la chose est individualisée
	Protection des tiers	• Cas des immeubles : l'opposabilité aux tiers suppose une publicité • Cas des meubles : la possession de bonne foi vaut publicité
	Choses à fabriquer	Transfert lorsque la chose est en mesure d'être livrée

3 L'usufruit

Définition

L'**usufruit** est le droit de jouir des choses dont un autre a la propriété, comme le propriétaire lui-même, à charge d'en conserver la substance (Code civil, art. 578).

Constitution de l'usufruit

Usufruitier
Il détient à la fois l'*usus* et le *fructus*

Nu-propriétaire
Il détient l'*abusus*

Légal
Par la loi (ex. : jouissance des biens d'un enfant par ses parents)

Conventionnel
Par la volonté de l'homme (ex. : contrat, testament, donation)

A. Les effets de l'usufruit

À l'égard de l'usufruitier	À l'égard du nu-propriétaire
• Jouir de la chose et en percevoir les fruits • Passer des actes à propos de la chose et intenter des actions en justice • Droit de céder l'usufruit • Jouir de la chose en personne raisonnable • Paiement des charges usufructuaires	• Disposer de sa chose • Exercer en justice toutes les actions qui lui permettent de faire respecter sa propriété • Surveiller l'usufruit • Bénéficier des produits • Ne pas nuire aux droits de l'usufruitier • Effectuer les grosses réparations

B. L'extinction de l'usufruit

Causes de l'extinction	• Le terme initialement prévu. • La renonciation par l'usufruitier. • La non-utilisation de l'usufruit pendant 30 ans. • La faute de l'usufruitier (ex. : dégradation du fonds, défaut d'entretien). • La chose est détruite totalement (ex. : incendie, dégât des eaux). • La consolidation, c'est-à-dire la réunion dans une même personne des qualités d'usufruitier et de nu-propriétaire.
Conséquences de l'extinction	• La restitution de la chose au nu-propriétaire. • Quand la restitution en nature est impossible, il convient d'effectuer une restitution en valeur qui doit tenir compte de la valeur de la chose au jour de la restitution.

4 Les limites du droit de propriété

Le droit de propriété se heurte à deux limites que sont l'**abus du droit de propriété** et le **trouble anormal de voisinage** (➥ fiche 28).

	Abus du droit de propriété	Troubles anormaux de voisinage
Principe	Le titulaire d'un droit de propriété peut commettre une faute en restant dans les limites légales apparentes de son droit mais en l'utilisant de façon abusive.	Tout voisinage provoque des contraintes mais, dans certaines situations, celles-ci excèdent la commune mesure.
Recours	• Application de la responsabilité civile extracontractuelle. • Nécessité de prouver l'existence d'une faute, d'un dommage et d'un lien de causalité pour obtenir réparation.	Pour engager la responsabilité (sans faute) du propriétaire, la Cour de cassation vise clairement le principe selon lequel nul ne doit causer à autrui un trouble anormal de voisinage.

LE + DE L'EXPERT

Trois notions, connexes, ne doivent pas être confondues :

- Les propriétaires et locataires concluent un contrat de location aux termes duquel le propriétaire met le bien à la disposition du locataire contre le paiement d'un loyer.
- Les indivisaires : situation dans laquelle se trouvent des biens sur lesquels s'exercent des droits de même nature appartenant à plusieurs personnes. (Les droits du nu-propriétaire et ceux de l'usufruitier ne sont pas de même nature.)
- Les copropriétaires : la propriété d'un immeuble bâti est répartie entre plusieurs personnes par lots, comprenant, pour chacun, une partie privative et une quote-part de partie commune.

14 Le fonds de commerce et le bail commercial

Mots-clés

Bail commercial • Brevet • Concurrence déloyale • Droit au bail • Fonds de commerce • Marque

1 Le fonds de commerce

Définition

Le **fonds de commerce** est constitué de l'ensemble des éléments, biens meubles corporels et incorporels, réunis et organisés en vue d'exploiter une clientèle à des fins commerciales.

A. La composition du fonds de commerce

Éléments corporels	Matériel	Biens mobiliers corporels qui servent à l'exploitation
	Marchandises	Matières premières destinées à être transformées, produits et biens destinés à la vente
Éléments incorporels	Clientèle	Personnes qui s'approvisionnent auprès d'un commerçant
	Nom commercial	Appellation sous laquelle le commerçant exerce son activité
	Enseigne	Signe extérieur d'individualisation du commerce
	Droit au bail	Droit d'occupation des lieux où est exercé le commerce
	Droits de propriété industrielle (➥ fiche 15)	Protection de créations de nature industrielle (**brevet**) et signes distinctifs (**marque**)

B. La clientèle, un élément essentiel

Le fonds de commerce n'existe que si une clientèle y est attachée.

La clientèle d'un fonds de commerce doit être :

- Réelle et certaine. Elle fait naître et disparaître le fonds.
- Personnelle à l'exploitant du fonds. Elle est attachée au titulaire du fonds de commerce.

Sous ces deux conditions, la clientèle d'un fonds de commerce est protégée par l'action en concurrence déloyale.

Définition

La **concurrence déloyale** résulte de pratiques commerciales abusives.

L'action en concurrence déloyale suppose la réunion de trois conditions.

Conditions de l'action en concurrence déloyale

Acte fautif d'un concurrent + Dommage + Lien de causalité

C. La nature juridique du fonds de commerce

Bien unitaire + Bien meuble + Bien meuble incorporel

Bien unitaire	Bien meuble	Bien meuble incorporel
Ensemble des biens affectés à l'activité et susceptibles d'opérations juridiques (ex. : vente, location)	Composition : biens mobiliers uniquement	Essentiellement la clientèle

2 Le bail commercial

Définition

Le **bail commercial** est un contrat de location de locaux destinés à l'exploitation d'un fonds de commerce.

Principe du bail commercial

Bailleur : propriétaire d'un immeuble → Bail commercial → Locataire-preneur : commerçant

A. Les conditions d'application du statut des baux commerciaux

Conditions relatives aux contractants	• Le locataire ou preneur est un commerçant ou un artisan inscrit au registre général dématérialisé des entreprises. • Le bailleur : les locaux où l'activité est exercée lui appartiennent.

Conditions relatives au local	• Le bail doit porter sur un immeuble ou un local. • Les locaux accessoires sont aussi protégés. • Un fonds de clientèle doit être exploité dans les lieux loués conformément au bail.
Conditions relatives à la durée	Le bail commercial a une durée de 9 ans minimum.

B. Le régime juridique

Obligations du bailleur	• Délivrer le bien. • Assurer au locataire une jouissance paisible. • Garantir l'usage de la chose louée.
Obligations du locataire-preneur	• Exploiter le fonds en personne raisonnable. • Exploiter le fonds conformément à la destination prévue au bail. • Payer les loyers au terme convenu.
Fixation du loyer	• Le loyer est fixé librement par les parties. • Il est révisable tous les 3 ans dans la limite d'un indice des loyers de baux commerciaux. • Il peut être plafonné. Il peut être révisé automatiquement lors de l'échéance prévue au contrat, sans intervention du bailleur (augmentation limitée à 10 % du loyer de l'année précédente).
Déspécialisation	• Simple (activités connexes) par information du bailleur • Totale (activités différentes de celle prévue au bail) avec l'accord du bailleur
Fin du bail	• Par un congé donné par le bailleur ou le locataire-preneur. • Par une demande de renouvellement. • Renouvellement par tacite prolongation.

C. Le renouvellement du bail

- Le renouvellement par le preneur

Le locataire bénéficie d'un droit au renouvellement de son bail à l'expiration de celui-ci. À défaut, il a droit à une indemnité d'éviction.

Pour prétendre au **droit au bail**, le locataire doit :

- être propriétaire du fonds qu'il exploite dans les lieux loués ;
- exploiter réellement le fonds, régulièrement et conformément aux stipulations du bail ;
- exploiter effectivement le fonds pendant les trois années consécutives précédant la date d'expiration du bail ou de sa tacite reconduction ;
- être immatriculé au registre général dématérialisé des entreprises ;
- faire la demande au bailleur par acte d'huissier ou LRAR dans les 6 mois précédant l'expiration du bail. Le bailleur a 3 mois pour répondre, à défaut le bail est reconduit.

Tout bailleur qui refuse de renouveler le bail doit verser une indemnité d'éviction égale au préjudice causé par le non-renouvellement. Il en est dispensé dans certains cas (ex. : insalubrité ou ruine de l'immeuble, reprise pour habitation).

• Le renouvellement par le bailleur

Le bailleur propose une offre de renouvellement par acte d'huissier au moins 6 mois avant l'expiration du bail. Un nouveau bail est réalisé. Le prix est fixé à la valeur locative, sans excéder l'indice trimestriel des locaux commerciaux.

LE + DE L'EXPERT

Le bail commercial est un contrat présentant des spécificités par rapport au bail civil. Ses dispositions sont d'ordre public ; on ne peut pas y déroger. Il s'agit d'assurer la stabilité de la relation contractuelle et la sécurité de l'activité du commerçant.

15 La propriété intellectuelle

Mots-clés

Auteur • Brevet • Droit d'auteur • Marque • Œuvre de l'esprit • Propriété industrielle • Propriété littéraire et artistique

1 La propriété industrielle

La **propriété industrielle** est l'ensemble des droits destinés à la protection des créations de nature industrielle ou des signes distinctifs à vocation industrielle et commerciale.

Les droits de la propriété industrielle confèrent un monopole ; leur titulaire peut en disposer et les opposer à tous.

La propriété industrielle a notamment pour objet :

- les brevets d'invention ;
- les marques de fabrique, de commerce ou de service.

A. Les conditions de fond de la protection

Définition

Un **brevet** est un titre accordé par l'Institut national de la propriété industrielle (Inpi) et conférant un monopole d'exploitation temporaire à une invention.

Protection au titre du brevet

	Conditions de protection	Effets de la protection
Caractères de l'invention	• Un procédé technique • Une invention nouvelle • Une activité inventive • Susceptible d'application industrielle • Conforme à l'ordre public	• Monopole exclusif d'exportation • Durée : 20 ans • Protection par l'action en contrefaçon • En contrepartie de ce monopole, le breveté est tenu de payer des taxes annuelles à l'Inpi et d'exploiter lui-même son brevet (ou le faire exploiter par d'autres)
Inventeur	Personne physique ou personne morale	• Droits attribués au premier déposant • Cas particulier de l'innovation développée par un salarié : droits accordés à l'employeur si l'invention découle du travail confié

Définition

Une **marque** est un signe qui permet de distinguer un produit ou un service de celui qui est proposé par une autre personne.

Protection au titre des marques de produit et de service

Conditions de la protection	Effets de la protection
• Une forme • Licite • Non déceptive • Distinctive • Disponible	• Monopole exclusif d'exploitation • Durée : 10 ans indéfiniment renouvelables • Protégée par l'action en contrefaçon et l'action en concurrence déloyale

B. Les conditions de forme de la protection

Dépôt de la demande de protection auprès de l'Inpi (description du brevet, vérification de la disponibilité de la marque) → Enregistrement par l'Inpi → Rapport de recherche de l'Inpi : appréciation de la protection, échanges, argumentation … → Délivrance du titre (brevet, marque), publication au *Bulletin officiel de la propriété industrielle* (*Bopi*)

❷ La propriété littéraire et artistique

La **propriété littéraire et artistique** concerne essentiellement le **droit d'auteur** qui protège les **œuvres de l'esprit** (chanson, livre, tableau, base de données, œuvre multimédia).

Protection d'une œuvre de l'esprit

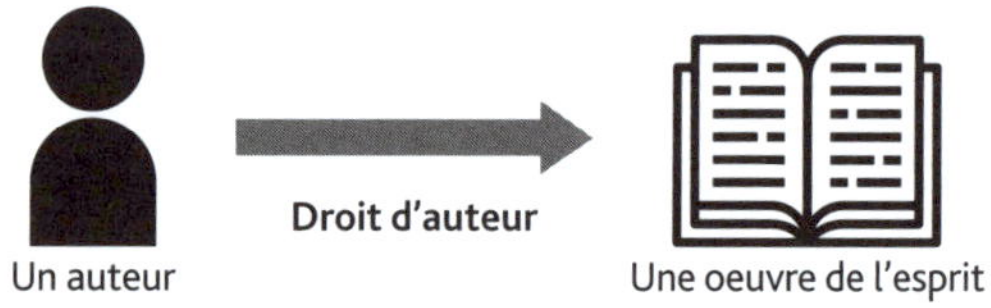

A. Les conditions de protection des œuvres

La protection ne nécessite aucune formalité de dépôt.

Toutes ces créations intellectuelles ont un point commun : une création qui présente des qualités.

Exigence de création	Cette exigence suppose une intervention : • humaine ; • consciente ; • qui modifie le réel.
Qualités de la création	• Une forme, qu'elle soit visuelle (ex. : manga), auditive (ex. : chanson), architecturale… • Une originalité (ex. : agencement des couleurs, des scènes) l'expression de la personnalité de l'auteur.

B. Les personnes protégées

Définition

L'**auteur** est une personne physique. La personne protégée est celle dont la personnalité s'est exprimée dans l'œuvre.

La qualité d'auteur appartient, sauf preuve contraire (présomption), à celui sous le nom de qui l'œuvre est divulguée.

C. Les droits des auteurs

Droit moral	• Droit de circulation de l'œuvre : perpétuel	• Droit de divulgation : exclusif et personnel • Droit de retrait et de repentir (modification de l'œuvre) : s'exerce sous conditions
	• Droit au respect de l'œuvre : perpétuel	• Droit au respect du nom et de la qualité de l'auteur • Droit au respect de l'œuvre
Droits patrimoniaux	• Droit de reproduction • Droit de représentation • Droit de suite Pendant la vie de l'auteur + 70 ans à compter de son décès	• Fixation matérielle de l'œuvre • Communication de l'œuvre au public • Droit qui permet, sous certaines conditions, à l'auteur puis à ses héritiers de toucher une partie du produit de la vente chaque fois que le support matériel de l'œuvre est vendu

D. La défense du droit d'auteur

Saisie-contrefaçon	• Mesure probatoire : la saisie apporte la preuve de la contrefaçon. • Mesure provisoire : elle permet la cessation de toute reproduction ou représentation.
Action en contrefaçon	• Action civile : protection du droit de propriété, réparation du préjudice subi par l'auteur. • Action pénale : sanction d'une atteinte aux droits patrimoniaux et aux droits moraux. Délit passible d'une peine d'amende et d'emprisonnement.

LE + DE L'EXPERT

Lors d'une création, il s'agit de qualifier celle-ci (brevet, marque, œuvre de l'esprit) afin de la rattacher à une catégorie et de mobiliser les conditions de protection adaptées.

16 Le droit des contrats : introduction

Mots-clés

Autonomie de la volonté • Bonne foi • Contrat • e-contrat • Force obligatoire • Liberté contractuelle • Négociation contractuelle

1 La notion de contrat

Définition

Le **contrat** est un accord de volontés entre deux ou plusieurs personnes destiné à créer, à modifier, à transmettre ou à éteindre des obligations (Code civil, art. 1101).

Caractéristiques du contrat

A. Le contrat, expression de la personne dans la société

Le contrat revêt trois fonctions d'expression et de lien sociaux :

- Une fonction de communication. Il s'agit d'un moyen d'établir, avec d'autres personnes, des liens, principalement patrimoniaux (échanges de biens et services).
- Une fonction égalitaire. Le contrat est un instrument de redistribution permettant à une personne de se procurer ce dont elle ne dispose pas avec ce qu'elle a.
- Une fonction de gestion patrimoniale. Le contrat permet à une personne d'affecter ses biens.

B. Le contrat, instrument d'organisation de la vie sociale

Outil de fonctionnement social, le contrat revêt trois fonctions.

De la fonction normative à la fonction de stabilisation du contrat

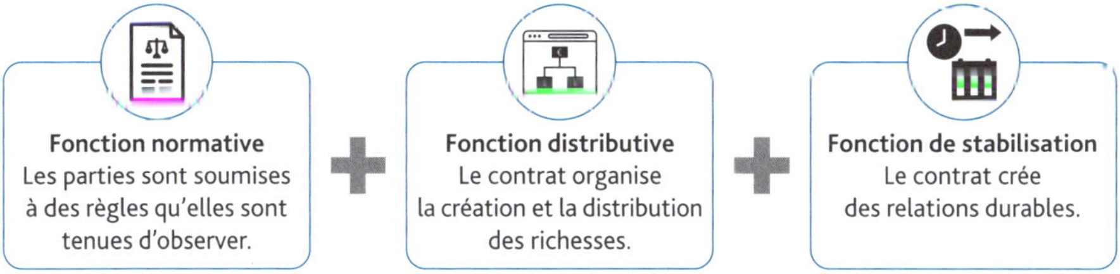

2 La classification des contrats

Les typologies de contrats distinguent principalement les conditions de forme, l'encadrement de la liberté de consentement, le nombre de parties, la réciprocité de leurs engagements et leur qualité.

Principaux types de contrats

	Types de contrat	Intérêt de la distinction
Conditions de forme	• consensuel (ex. : contrat de vente) • solennel (ex. : contrat de mariage) • réel (ex. : dépôt)	Les contrats solennels qui n'ont pas respectés les conditions de formation sont nuls.
Liberté du consentement	• de gré à gré (ex. : contrat de vente) • d'adhésion (ex. : achat d'un billet de train)	Dans les contrats d'adhésion, le législateur et les tribunaux sont amenés à protéger la partie la plus faible.
Nombre de contractants	• individuel (ex. : contrat de vente) • collectif (ex. : convention collective)	Dans les contrats collectifs, les signataires sont habilités.
Réciprocité des engagements	• synallagmatique (ex. : contrat de vente) • unilatéral (ex. : convention de donation)	Dans le contrat synallagmatique, à obligations réciproques, l'absence d'exécution d'une partie rend l'obligation réciproque sans cause.
Qualité du contractant	• *intuitu personae* (ex. : contrat de travail) • non *intuitu personae* (ex. : vente de consommation)	Dans le contrat conclu *intuitu personae*, l'erreur sur la personne entraîne la nullité.
But poursuivi	• à titre gratuit (ex. : convention de donation) • à titre onéreux – commutatif (ex. : contrat de vente) – aléatoire (ex. : viager)	Les contrats à titre gratuit sont plus réglementés car ils entraînent un appauvrissement du patrimoine.
Durée	• à exécution successive (ex. : bail) • à exécution instantanée (ex. : contrat de vente)	Les contrats successifs peuvent sous certaines conditions être résiliés unilatéralement.
Préexistence d'une réglementation	• nommé (ex. : contrat de vente) • innommé (ex. : contrat de franchise)	Pour les contrats innommés, on se réfère aux dispositions que les contractants ont adoptées dans le contrat.

3 Les principes fondateurs du droit des contrats

A. La liberté contractuelle

La **liberté contractuelle** repose sur le principe d'**autonomie de la volonté** caractérisé par :

- la liberté de contracter ou non ;
- le libre choix du cocontractant ;
- la libre détermination du contenu du contrat.

La liberté contractuelle est aujourd'hui relative. Elle présente des limites.

La tendance est au recul de la liberté contractuelle et au développement du formalisme.

▶ Exemples

Certains contrats sont obligatoires (assurance automobile, assurance habitation, etc.), d'autres sont interdits parce qu'ils sont contraires à l'ordre public (ex. : vente d'organes). ◀

B. La force obligatoire des contrats

La **force obligatoire du contrat** est un principe fondateur qui veut que les contrats légalement formés tiennent lieu de loi à ceux qui les ont faits.

Ce principe connaît des atténuations :

- Les parties peuvent, par consentement mutuel, annuler le contrat.
- La loi autorise, dans certains contrats, les parties à revenir sur leurs engagements.

Le contrat s'impose au juge qui l'interprète en recherchant la commune intention des parties.

C. La bonne foi dans les contrats

Le Code civil définit la **bonne foi**. Il en résulte diverses obligations.

Code civil, article 1104. Les contrats doivent être négociés, formés et exécutés de bonne foi. Cette disposition est d'ordre public.
Code civil, article 1194. Les contrats obligent non seulement à ce qui y est exprimé, mais encore à toutes les suites que leur donnent l'équité, l'usage ou la loi.

Bonne foi et vie du contrat

Lors de la négociation et la formation du contrat	Lors de l'exécution du contrat
• Se comporter loyalement vis-à-vis du partenaire • Ne pas chercher à amener le partenaire à contracter contre son gré	• Exécuter ses propres obligations de bonne foi, c'est-à-dire procurer à son cocontractant la satisfaction de ce qu'il peut légitimement attendre • Être de bonne foi dans l'exigence de l'exécution par le cocontractant de ses obligations

4 Les étapes du contrat

A. L'avant-contrat

Définition

La **négociation contractuelle** (ou pourparlers) est une période exploratoire durant laquelle les futurs contractants échangent leurs points de vue, formulent et discutent leurs propositions mutuelles afin de déterminer le contenu du contrat, sans être pour autant assurés de conclure.

L'initiative, le déroulement et la rupture des négociations contractuelles sont libres. Le principe de la bonne foi s'applique à tout moment, de même que l'obligation d'informer et le devoir de confidentialité.

Les principaux avant-contrats

Pacte de préférence	Promesse unilatérale
• Contrat unilatéral par lequel une partie s'engage à proposer prioritairement à un bénéficiaire de traiter avec lui dans l'hypothèse où elle déciderait de contracter • Priorité maintenue tant que le promettant n'a pas manifesté son intention de contracter ou que le bénéficiaire n'a pas refusé l'offre, sauf stipulation de délais • Liberté de contracter ou non • Sanction de la violation du pacte de préférence	• Contrat par lequel une des parties s'engage à conclure le contrat définitif dans un délai fixé ou raisonnable • Formation du contrat dès la réponse définitive du bénéficiaire dans les délais impartis • Nullité du contrat conclu avec un tiers en violation de la promesse unilatérale

B. La conclusion du contrat

Le contrat est conclu dès lors que l'offre émise est acceptée (➥ fiche 17).

Double condition de formation du contrat

Offre

Déclaration de volonté manifestant l'intention de se tenir pour lié en cas d'acceptation par l'autre partie :

- qui porte sur des éléments essentiels
- qui est rétractable (tant qu'elle n'est pas parvenue au destinataire)
- qui est assortie d'un délai

→

Acceptation

Acte de volonté par lequel le destinataire d'une offre acquiesce aux propositions émises :

- par une déclaration ou un comportement (conclusion dès réception, en principe au lieu où l'acceptation non équivoque est parvenue). Sauf exceptions, le silence ne vaut pas acceptation
- le cas échéant, après un délai de réflexion ou de rétractation (s'il est prévu par la loi ou au contrat)

C. Le contrat par voie électronique

L'**e-contrat** répond à quatre exigences :

- son contenu est réglementé (ex. : étapes à suivre pour conclure, langue) ;
- l'offre est maintenue tant qu'elle est accessible ;
- l'acceptation n'intervient qu'après vérification de toutes les pages, annexes et éventuelles corrections et après confirmation de l'ensemble ;
- le contrat est conclu dès la communication de l'acceptation à l'offrant.

LE + DE L'EXPERT

La volonté suffit à conclure un contrat. Toutefois, notamment pour protéger la partie la plus faible ou faciliter la preuve, de nombreux contrats doivent être conclus par écrit. Certaines mentions sont parfois obligatoires (ex. : contrat d'assurance, de crédit ou de travail temporaire).

17 La formation du contrat

Mots-clés

Acceptation • Capacité • Consentement • Contrat • Dol • Erreur • Nullité absolue • Nullité relative • Offre • Violence

1 Les conditions de validité du contrat

A. Le consentement

Définitions

- Le **consentement** est formé par la rencontre de l'offre et de l'acceptation.
- L'**offre** est une déclaration de volonté par laquelle son auteur manifeste l'intention d'être lié.
- L'**acceptation** est la manifestation de volonté de son auteur d'être lié dans les termes de l'offre.

Pour que le contrat soit valablement conclu, l'offre doit être acceptée.

Offre

Formes	Différentes formes : écrite, verbale, un produit dans un catalogue, un produit sur un site.	
Qualités de l'offre	Porte sur les éléments essentiels.	L'offre doit donc être précise.
	Est librement rétractable.	La rétractation est possible tant que l'offre n'est pas parvenue à son destinataire.
	Comporte un délai.	• Si le délai est clairement exprimé, l'offre ne peut pas être rétractée avant ce délai. Sinon, elle est rétractable dans un délai raisonnable. • Si l'offrant ne respecte pas le délai, il engage sa responsabilité civile extracontractuelle.

Acceptation

Formes	Déclaration (ex. : commande d'une pizza) ou comportement non équivoque de l'acceptant (ex. : monter dans un taxi).
Formation du contrat	Contrat conclu dès réception de l'acceptation par l'offrant.
Lieu de conclusion du contrat	Contrat réputé conclu au lieu où l'acceptation est parvenue.
Délais de repentir	Deux délais de repentir contractuels ou légaux : • un délai de réflexion (délai avant l'expiration duquel le destinataire de l'offre ne peut pas manifester son acceptation) ; • un délai de rétractation (délai avant l'expiration duquel son bénéficiaire peut revenir sur son consentement).

Le consentement n'engage celui qui l'a émis que s'il est libre, éclairé et exempt de vices. Les vices du consentement sont l'erreur, le dol et la violence.

Définitions

- Une **erreur** est une croyance fausse portant sur un des termes du contrat.
- Le **dol** est le fait, pour un contractant, d'obtenir le consentement de l'autre par des manœuvres ou des mensonges.
- La **violence** intervient lorsqu'une partie s'engage sous la pression d'une contrainte qui lui inspire la crainte d'exposer sa personne, sa fortune ou celles de ses proches à un mal considérable.

Conditions des vices du consentement

	Conditions
Erreur	• C'est un vice du consentement si elle porte sur les qualités essentielles de la prestation, la personne dans les contrats conclus *intuitu personae*, la valeur si elle résulte d'une mauvaise appréciation des qualités essentielles de la prestation. • L'erreur ne doit pas être inexcusable. • Elle doit avoir été déterminante.
Dol	• Le recours à des manœuvres frauduleuses. • Ces manœuvres doivent émaner du cocontractant ou d'un « complice ». • Ces manœuvres doivent être déterminantes. • Le dol doit être prouvé par tous moyens par celui qui l'invoque.
Violence	• Elle doit être illégitime. • Elle doit émaner du cocontractant ou d'un tiers. • Elle doit être déterminante. • Elle se prouve par tous moyens et s'apprécie concrètement.

B. La capacité

Définition

La capacité est l'aptitude d'une personne à être titulaire de droits et à les exercer (➥ **fiche 9**).

Le Code civil (art. 1145) dispose que « toute personne physique peut contracter sauf en cas d'incapacité prévue par la loi ».

Application du principe défini par le Code civil

Cas des mineurs non émancipés	• Ils contractent par l'intermédiaire de leur représentant légal. • Ils peuvent accomplir seuls les actes de la vie courante (*exemples* : s'acheter une place de cinéma, passer un contrat de téléphonie mobile). Ces actes peuvent être annulés pour simple lésion, c'est-à-dire en cas de déséquilibre existant au moment de la conclusion du contrat.
Cas des majeurs protégés	Ils peuvent accomplir seuls les actes autorisés par la loi ou l'usage à condition que les conditions en soient normales.

Cas des personnes morales	• « La capacité des personnes morales est limitée par les règles applicables à chacune d'entre elles. » (Code civil, art. 1145) • La capacité des personnes morales est fonction de sa nature (ex. : société ou association). • La personne morale est créée pour l'exercice d'une activité déterminée qui limite sa capacité (principe de spécialité). • La capacité d'exercice est assurée par les organes représentatifs de la personne morale.

C. Le contenu du contrat

Contenu licite et certain	Contenu équilibré
• Le contenu ne doit pas être contraire à l'ordre public. • La prestation doit être possible, déterminée ou déterminable, présente ou future.	• Les conditions d'équilibre du contrat sont fonction de sa classification. • Exemples : – contrat à titre onéreux, nullité si le prix est vil ; – contrat d'adhésion : une clause qui crée un déséquilibre significatif entre les parties est réputée non écrite.

D. Les conditions de forme du contrat

Le contrat est valablement formé par l'échange des consentements. Un écrit n'est pas nécessaire et de la parole donnée résulte bien un engagement. Le consensualisme admet cependant des atténuations et des exceptions.

Atténuation et exceptions au principe du consensualisme

Atténuations	• Elles ne remettent pas en cause le principe mais elles en limitent la portée. • Tel est le cas de la publicité qui informe les tiers et leur rend les actes opposables.
Exceptions	Elles remettent en cause le principe : • la formation des contrats réels (ex. : dépôt) exige la remise d'une chose ; • les contrats solennels (ex. : hypothèque) exigent la rédaction d'un écrit, parfois même en passant devant notaire (ex. : contrat de mariage).

2 Les sanctions des conditions de formation

La sanction des conditions de formation est en principe la nullité : le contrat est alors privé de tout effet et censé n'avoir jamais existé.

Application et effets de la nullité

	Nullité absolue	Nullité relative
	Intérêt général	Intérêt de l'un des contractants
Demandeurs à l'action	Toute personne ayant intérêt à agir	Personne que la loi a voulu protéger (ex. : ses représentants légaux, ses créanciers chirographaires)

	Nullité absolue	Nullité relative
	Intérêt général	Intérêt de l'un des contractants
Prescription	5 ans	5 ans
Cas de nullité	Absence de consentement, atteinte à l'ordre public	Erreur, dol, violence
Effets	Les conséquences sont les mêmes que la nullité soit relative, soit absolue : • le contrat est censé n'avoir jamais existé ; • la nullité agit rétroactivement ; • les choses doivent être remises en l'état sauf exceptions ; • la nullité est opposable aux tiers.	

3 Les clauses contractuelles particulières

La vie des affaires a développé un certain nombre de clauses particulières qui sont devenues d'usage.

	Définition
Clause attributive de compétence ou de juridiction	• Les parties désignent par avance le tribunal compétent en cas de litige. • Les clauses relatives à la compétence d'attribution sont interdites.
Clause compromissoire	Les parties décident de ne pas recourir aux tribunaux et de soumettre à l'arbitrage les différends non encore nés mais qui pourront surgir entre elles.
Clause limitative ou exonératoire de responsabilité	• Elle aménage la responsabilité des parties. • Les clauses les plus usuelles fixent à l'avance le montant maximum de dommages et intérêts en cas d'inéxécution, d'exécution défectueuse ou de retard. • Elle ne doit pas porter atteinte à une obligation essentielle du contrat.
Clause résolutoire de plein droit	• Les parties prévoient que le contrat sera résolu de plein droit si survient un événement décrit. • Elle dispense le créancier de s'adresser à la justice.
Clause pénale	Le contrat stipule que celui qui manquera d'exécuter une obligation paiera une certaine somme à titre de dommages et intérêts.
Clause de réserve de propriété	Elle a pour objet de différer le transfert de propriété d'un bien jusqu'au complet paiement du prix.

LE + DE L'EXPERT

La rédaction d'un contrat présente des enjeux, chaque clause doit être rédigée avec précision, en en appréciant les conséquences pour chacune des parties.

18 L'exécution du contrat

Mots-clés

Ayant cause • Contrat collectif • Effet relatif • Obligation de garantie • Obligation de moyens • Obligation de résultat • Paiement

1 Les effets entre les parties

A. Le principe de la force obligatoire

Les parties sont libres de déterminer le contenu de leur contrat, sous réserve du respect de l'ordre public.

En principe, la loi nouvelle a un effet immédiat. En matière contractuelle, la loi applicable est celle qui était en vigueur au jour de la formation du contrat. Cette exception assure une sécurité juridique aux contractants.

Il existe trois types d'obligations contractuelles : l'obligation de résultat, de moyens et de garantie.

Définitions

- Une **obligation de résultat** est celle par laquelle le débiteur s'engage à atteindre un objectif préalablement fixé et convenu.
- Une **obligation de moyens** est celle par laquelle le débiteur s'oblige à mettre en œuvre tous les moyens à sa disposition pour atteindre un objectif fixé.
- Une **obligation de garantie** est celle par laquelle le débiteur garantit tous les cas de non-obtention du résultat.

Types d'obligations contractuelles voulues par les parties

	Conséquences
Obligation de résultat	• La seule non-obtention du résultat suffit à caractériser l'inexécution : régime de la présomption de responsabilité. • Le débiteur devra apporter la preuve qu'il n'est pas responsable de cette inexécution.
Obligation de moyens	Le créancier doit faire la preuve que la non-obtention du résultat est due à une faute du débiteur.
Obligation de garantie	Le débiteur ne peut pas s'exonérer en faisant la preuve de l'existence d'un cas de force majeure.

Obligations créées par le juge

	Définition	Conséquences
Obligation d'information	Obligation pour l'une des parties de fournir à l'autre des informations permettant une bonne exécution du contrat.	Celui qui est légalement ou contractuellement tenu d'une obligation particulière d'information doit rapporter la preuve de l'exécution de cette obligation. Cette preuve peut se faire par tous moyens. • Cette obligation a été étendue par la jurisprudence à de nombreux professionnels (médecin, avocat…) les incitant à préconstituer la preuve complète de l'exécution de leur obligation.

	Définition	Conséquences
Obligation de sécurité	Le débiteur ne doit pas causer de dommage corporel à son cocontractant pour l'exécution du contrat.	Cette obligation, quand elle est reconnue doit être qualifiée par le juge d'obligation de résultat ou de moyens.

B. La renégociation du contrat

Modification du contrat par les parties	Lorsque les parties sont d'accord.	Cette modification ne doit pas être contraire à la loi.
	Lorsqu'une seule des parties au contrat souhaite modifier le contrat.	• Elle ne peut pas imposer unilatéralement une modification. • Révocation unilatérale exceptionnelle par la loi (ex. : vente à distance).
	Les modifications prévues au contrat ou d'imprévision, c'est-à-dire un changement important des circonstances économiques dans lesquelles s'insérait le contrat dont le cocontractant n'assume pas le risque et dont il résulte que l'exécution du contrat est devenue excessivement onéreuse.	Des clauses au contrat autorisent des modifications (ex. : une clause de variation de prix) ou la révocation du contrat par un accord mutuel.
Modification du contrat par le juge	• Principe : non-intervention du juge dans la vie du contrat, sauf exceptions. • Interprétation du contrat par le juge.	Recherche de la volonté des parties au contrat.
	• Modifications autorisées par la loi. • Imprévision.	Ex. : pénalités contractuelles trop lourdes.
	À la demande d'une des parties, en application de la théorie de l'imprévision.	Le juge peut intervenir dans l'économie du contrat.

2 L'effet du contrat à l'égard des tiers

Le contrat ne crée d'obligations qu'entre les parties (Code civil, art. 1199) : on parle d'**effet relatif** du contrat.

A. L'opposabilité du contrat aux tiers

Les tiers doivent respecter la situation juridique créée par le contrat. Ils peuvent s'en prévaloir notamment pour apporter la preuve d'un fait (Code civil, art. 1200).

Délimitation du principe d'opposabilité aux tiers

B. La transmission du contrat aux ayants cause

Définition

L'**ayant cause** est celui qui tient son droit d'une autre personne appelée « auteur ».

Ayants cause à titre universel et particulier

Ayant cause universel ou à titre universel	• Il continue la personne du défunt et devient donc partie aux contrats qu'il reçoit par la succession. • Il existe des exceptions (ex : contrats conclus *intuitu personae*).
Ayant cause à titre particulier	• Il reçoit un ou plusieurs droits (ou biens) particuliers d'une autre personne qu'on appelle son « auteur ». • La loi ou la jurisprudence en donne des exemples (ex. : transmission d'un bail à l'acquéreur d'un immeuble).

C. Les dérogations au principe de l'effet relatif

La stipulation pour autrui, la promesse de porte-fort ou les contrats collectifs portent atteinte au principe de l'effet relatif du contrat.

Stipulation pour autrui

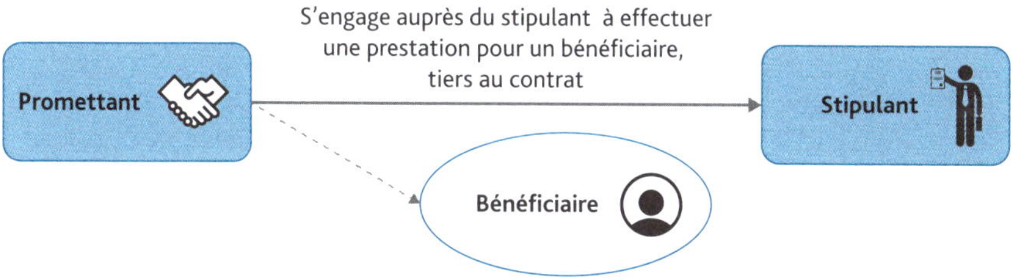

Promesse de porte-fort

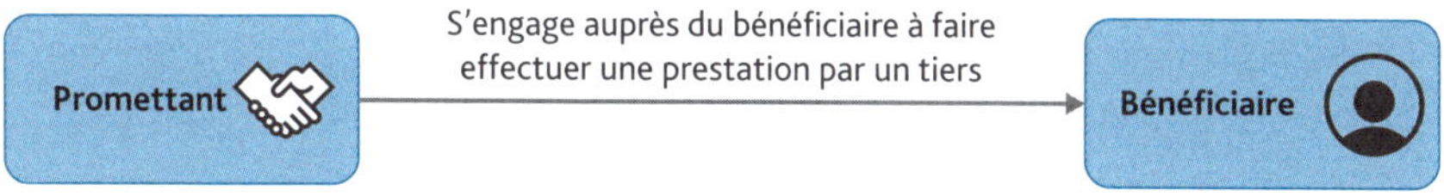

Le **contrat collectif** ou contrat de groupe est un contrat passé entre une personne et un groupe de personnes, ou entre deux groupes de personnes (ex. : convention collective).

Convention collective d'entreprise

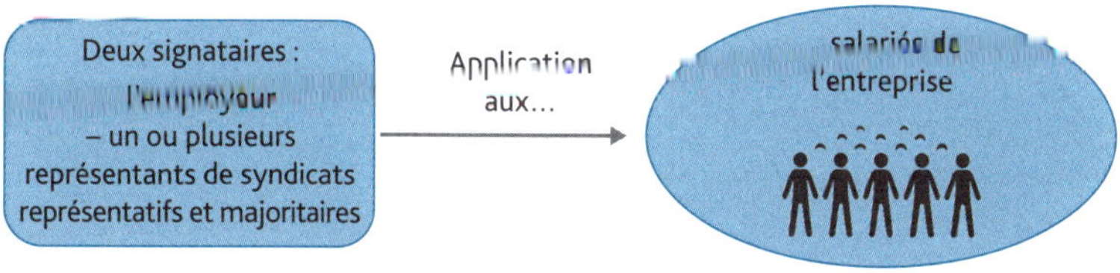

3 Le paiement, mode normal d'exécution du contrat

Le **paiement** met en jeu deux parties :
- Le *solvens* qui effectue le paiement.
- L'*accipiens* qui reçoit le paiement.

Le *solvens* L'*accipiens*

Caractéristiques du paiement

Objet	• L'exécution de la prestation : ce qui est dû. • Le paiement en espèces ou en monnaie électronique est limité à 1 000 €.
Modalités	• La date est fixée par les parties. • Les frais sont en principe à la charge du débiteur. • Le lieu de paiement est désigné dans le contrat, à défaut il est au domicile du débiteur. • Des pénalités sont dues en cas de retard.
Preuve	• Les règles du droit commun s'appliquent en matière de charge de la preuve. • La preuve est possible par tous moyens.
Effets	Le paiement libère le débiteur ; il éteint la dette.

Délais de paiement maximal négocié entre professionnels

OU

Délais de paiement en l'absence de négociation

LE + DE L'EXPERT

Il faut distinguer les délais de paiement entre professionnels et les délais s'appliquant aux autres transactions.

19 Les sanctions de l'inexécution du contrat

Mots-clés

Exception d'inexécution • Exécution forcée • Résolution • Responsabilité contractuelle

1 Sanctions visant à l'exécution du contrat

	Définition	Modalités
Exception d'inexécution	• Une partie au contrat fait pression sur son cocontractant en refusant d'exécuter ses propres obligations. • Suspend l'exécution des obligations contractuelles.	• Concerne les contrats synallagmatiques. • En cas d'inexécution d'une obligation d'une gravité suffisante, notification dans les meilleurs délais. • Existence d'une certaine proportion entre l'inexécution (totale ou partielle) et la menace.
Exécution forcée	Le créancier a recours aux tribunaux ou à la force publique pour contraindre le débiteur à s'exécuter.	• Envoi d'une mise en demeure (par sommation, injonction de payer ou tout acte équivalent). • Exécution en nature (saisie des biens du débiteur en cas d'obligation de payer une somme d'argent) ou par équivalent (dommages et intérêts).
Réduction du prix	Sollicitation du débiteur d'une réduction du prix.	• Proportionnelle à l'inexécution. • Sans recours au juge. • Une clause de réduction de prix peut être prévue au contrat.

2 Sanction visant à l'anéantissement (rétroactif ou prospectif) du contrat

Définition

La **résolution** est l'anéantissement du contrat.

Modalités de résolution

Clause résolutoire	• Précision des cas des obligations concernées • Mise en demeure préalable • Bonne foi du créancier lors de la mise en œuvre
Résolution par notification	• Inexécution grave • Mise en demeure proposant un délai d'exécution • Notification si l'inexécution persiste
Résolution judiciaire	• Inexécution grave • Recours au juge qui dispose de diverses décisions (ex. : délai de grâce, dommages et intérêts sans résolution)

Effets de la résolution

La résolution met fin au contrat	• À la date, fixée au contrat, de réception par le débiteur de la notification du débiteur • Ou à la date fixée par le juge ou, à défaut, de l'assignation en justice.
La disparition du contrat est rétroactive ou prospective	Selon que les prestations au contrat sont successives, ou que le contrat ne se conçoit que de façon globale.
La résolution a des effets vis-à-vis des tiers	Elle a les mêmes effets que la nullité.

3 Réparation des dommages causés par l'inexécution du contrat

Définition

La **responsabilité contractuelle** consiste à réparer les dommages résultant de la non-exécution ou de l'exécution partielle du contrat.

La mise en jeu de la responsabilité civile contractuelle implique un dommage, un fait générateur et un lien de causalité.

Mise en jeu de la responsabilité contractuelle

Conditions de la responsabilité contractuelle	Dommage	• Inexécution, exécution tardive ou défectueuse. • Dommage dont le cocontractant est déclaré responsable. • Sont en principe réparables les seuls dommages entrés dans les prévisions du contrat.	
	Fait générateur	Le fait générateur est l'inexécution ou l'exécution tardive ou défectueuse du contrat. Il faut différencier deux cas :	
		Obligation de résultat	**Obligation de moyen**
		• Le débiteur s'est engagé à fournir un résultat. • Il est présumé fautif si le résultat n'est pas atteint. • Il peut s'exonérer en invoquant la force majeure, la faute du créancier ou le fait d'un tiers.	• Le débiteur s'est engagé à mettre tous les moyens en œuvre pour atteindre le résultat. • Si le résultat n'est pas obtenu, le créancier devra prouver une faute du débiteur.
	Lien de causalité	Une relation causale directe entre le dommage et l'inexécution du contrat doit exister.	
Mise en œuvre	Elle commence par une mise en demeure, dans un délai raisonnable, et se réalise dans la réparation en nature ou par équivalent.		
Aménagements conventionnels	Des clauses peuvent organiser la mise en œuvre de la responsabilité contractuelle.	Elles concernent : – les conditions d'existence de la responsabilité ; – ou le montant des réparations.	

Causes d'exonération

Force majeure	Événement qui échappe au contrôle du débiteur, qui ne pouvait être raisonnablement prévu lors de la conclusion du contrat et dont les effets ne peuvent être évités par des mesures appropriées, empêchant l'exécution de son obligation par le débiteur.
Faute du créancier	• Participation du créancier à la réalisation du dommage. • Son comportement peut alors exonérer le débiteur partiellement ou totalement.
Fait d'un tiers	Acte émanant d'une personne autre que les cocontractants et présentant les caractères de la force majeure.

LE + DE L'EXPERT

En cas d'inexécution du contrat, le créancier peut souhaiter l'exécution du contrat ou son anéantissement. Une mise en demeure est généralement obligatoire. Les recours possibles sont donc fonction des circonstances. Certaines situations permettent une exonération des responsabilités.

20 Les contrats de l'entreprise

Mots-clés

Action estimatoire • Action rédhibitoire • Clause abusive • Contrat de consommation • Contrat de crédit à la consommation • Transfert de propriété

1 Le contrat de vente

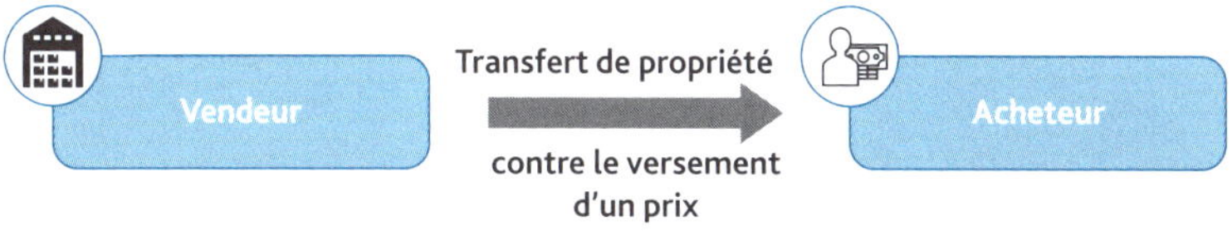

A. Les conditions de formation du contrat de vente

Consentement	Capacité	Contenu du contrat
• C'est la rencontre des volontés = une offre + une acceptation. • Il doit exister et être exempt de vices (erreur, dol ou violence).	• Du vendeur : être capable d'aliéner la chose. • De l'acheteur : être capable d'acquérir la chose et d'en réaliser le paiement.	• La chose vendue doit exister, être dans le commerce. • Le prix doit être déterminé, stipulé en monnaie, réel, sérieux et licite.

B. Les effets du contrat de vente

Le principe veut que la propriété de la chose vendue soit transférée à l'acheteur dès l'instant où le vendeur et l'acheteur sont d'accord sur la chose et le prix. Dans certains cas, le **transfert de propriété** fait exception au principe.

Principales exceptions au principe de transfert de propriété

Chose de genre	Le transfert de propriété n'est réalisé qu'au moment où la chose est individualisée, c'est-à-dire séparée du stock du vendeur.
Vente avec clause de réserve de propriété	Le transfert de propriété se produit au paiement intégral du prix.
Vente de chose à fabriquer	Le transfert de propriété a lieu lorsque la chose est effectivement en mesure d'être livrée.
Vente à l'essai	Le vendeur demeure propriétaire de la chose et en supporte les risques, en principe jusqu'à la réalisation de la condition suspensive.

Obligations du vendeur

Obligation d'information et de conseil	• Le vendeur doit informer l'acheteur de ce qu'il est le seul à connaître. • En cas de litige, il appartient au vendeur d'apporter la preuve qu'il a exécuté son obligation.
Obligation de délivrance	La délivrance est le transfert de la chose vendue conformément à ce qui est prévu au contrat, en principe au lieu où se trouve la chose au moment de la vente.

Obligation de garantie contre l'éviction	Le vendeur doit assurer à l'acheteur la possession paisible de la chose vendue (ne pas le troubler personnellement et le défendre contre tout trouble commis par un tiers prétendant avoir des droits sur la chose vendue).	
Garantie contre les vices cachés	Conditions : • vice antérieur à la vente ; • vice diminuant ou supprimant l'usage normal de la chose ; • vice caché : non apparent et inconnu de l'acheteur ; • action intentée dans un délai de deux ans à compter de la découverte du vice, 5 ans à compter de la vente.	Actions possibles : • **action rédhibitoire** : le prix est rendu contre restitution de la chose ; • **action estimatoire** : le prix est réduit, la vente étant maintenue ; **Dommages et intérêts** si le vendeur avait connaissance du vice.

Obligations de l'acheteur

Obligation de retirement	Paiement du prix
• **Définition** : c'est la réception de la chose par l'acquéreur. • **Sanction** : si le défaut de retirement est imputable à un fait, même non fautif de l'acquéreur, le vendeur dispose alors d'une triple option : – refuser d'exécuter ses propres obligations : c'est l'exception d'inexécution ; – demander l'exécution de la vente ; – demander la résolution de la vente. • **Limite** : cette triple option du vendeur ne pourra pas être exercée en cas de force majeure ou de fait du vendeur lui-même, ayant fait obstacle à la réception de la chose par l'acheteur.	• **Principe** : l'acheteur doit payer le prix aux jour et lieu prévus par la vente. • **Moment du paiement** : vente au comptant, vente à crédit ou vente à tempérament. • **Sanction** : le vendeur peut demander la résolution de la vente, si l'acheteur ne paie pas le prix ou être désintéressé par préférence sur le prix de la chose vendue, si celle-ci est encore en la possession de l'acquéreur. En cas de vente au comptant, le vendeur dispose d'un droit de rétention.

2 Les contrats de consommation

Le **contrat de consommation** met en présence deux parties, un professionnel et un consommateur.

Principe du contrat de consommation

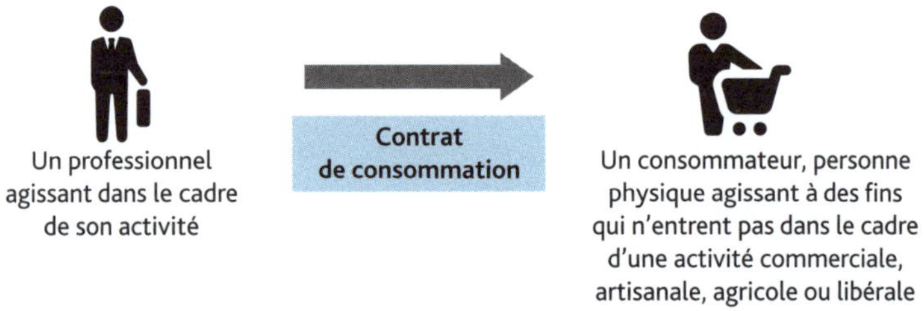

A. L'achat de biens ou de prestations de services

Protection du consommateur lors de la formation du contrat

Information du consommateur	• Une obligation générale d'information : mettre le consommateur en mesure de connaître les caractéristiques essentielles du bien ou du service et l'informer sur le prix, les limitations éventuelles de la responsabilité contractuelle et les conditions particulières de vente. • De nombreuses obligations spéciales d'information (ex : prestation de services, vente à distance).
Protection du consentement du consommateur	• Un écrit (obligatoire au-delà de 1 500 €). • Sanction des clauses abusives. • Un délai de réflexion pour certains types de contrat (ex. : 15 jours pour le contrat de crédit). • Des délais de rétractation dans certains cas (ex. : 14 jours pour la vente à distance). • Le délit d'abus de faiblesse. • L'interdiction de ventes ou prestations forcées. • L'interdiction de publicité mensongère ou trompeuse.

Définition

Une clause abusive est une situation contractuelle qui a pour objet ou pour effet de créer au détriment du consommateur un déséquilibre significatif entre les droits et les obligations des parties.

Les clauses abusives sont écartées d'office par le juge. Les clauses noires sont passibles d'une amende administrative.

Clauses abusives

Clauses noires	Liste établie par décret : clauses présumées abusives de manière irréfragable.
Clauses grises	• Liste établie par décret, clauses présumées abusives. • Possibilité pour le professionnel d'apporter la preuve contraire.

Protection du consommateur pendant la vie du contrat

Obligation de délivrance	Le vendeur transfère la chose (la chose et ses accessoires) en la jouissance et possession de l'acheteur.
Garanties de la chose vendue	• Garantie de conformité : bien conforme à l'usage habituellement attendu d'un bien semblable, action dans les 2 ans de la délivrance. • Absence de vices cachés. • Possession paisible du consommateur.
Obligation de conseil	Fournir tous les renseignements indispensables à l'utilisation de la chose.

B. Le crédit à la consommation

Le **contrat de crédit à la consommation** met en présence deux parties, un établissement financier et un consommateur.

Principe du contrat de crédit à la consommation

Un prêteur, personne consentant un crédit dans le cadre de ses activités commerciales ou professionnelles

Contrat de crédit à la consommation

Un consommateur, emprunteur personne physique agissant à des fins qui n'entrent pas dans le cadre d'une activité commerciale, artisanale, agricole ou libérale

Règles assurant la protection du consentement de l'emprunteur
• **Publicité** : mentions obligatoires (ex. : taux annuel effectif global), modalités de présentation, mentions interdites. • **Information précontractuelle** : remise d'une fiche précontractuelle pour que le consommateur puisse s'engager en toute connaissance de cause.
Encadrement de la formation du contrat
• **Remise d'une offre de contrat de crédit** : offre écrite, maintien de l'offre pendant 15 jours à compter de son émission. • **Délai de rétractation** : 14 jours calendaires à compter de l'acceptation de l'offre de crédit. • **Devoir de conseil du prêteur** : explications personnalisées sur le crédit et ses conséquences. • **Vérification de la solvabilité du prêteur**. Consultation du fichier des incidents de remboursement des crédits aux particuliers (FICP). • **Agrément de l'emprunteur** : agrément de l'emprunteur par le prêteur dans un délai de 7 jours.
Effets du contrat de crédit à la consommation
• **Limitation des obligations de l'emprunteur** : les taux d'intérêt ne doivent pas être excessifs. À défaut, le prêteur commet une infraction, le délit d'usure. • **Information annuelle sur les montants restants dus**. • **Lien entre contrat principal et contrat de crédit** : les deux contrats sont liés, le crédit est placé sous la dépendance du contrat principal. • **Non-remboursement** : le prêteur peut exiger le remboursement du capital restant dû, des intérêts échus impayés et une pénalité s'il existe une clause pénale. • **Remboursement par anticipation** : l'emprunteur peut rembourser tout ou partie du crédit à son initiative. Le prêteur peut exiger une indemnité que la loi a encadrée.

LE + DE L'EXPERT

La relation entre un professionnel et un consommateur est déséquilibrée. Le professionnel est un spécialiste, le consommateur est profane. Pour rééquilibrer la relation, le législateur a créé des dispositifs de protection qui ne s'appliquent que dans cette situation (ex. : information renforcée, délai de rétractation, clause abusive).

21 Les contrats portant sur le fonds de commerce

Mots-clés

Action résolutoire • Fonds de commerce • Location-gérance • Privilège du vendeur

1 La vente du fonds de commerce

Définition

Le **fonds de commerce** est un ensemble d'éléments corporels et incorporels affectés à une exploitation commerciale.

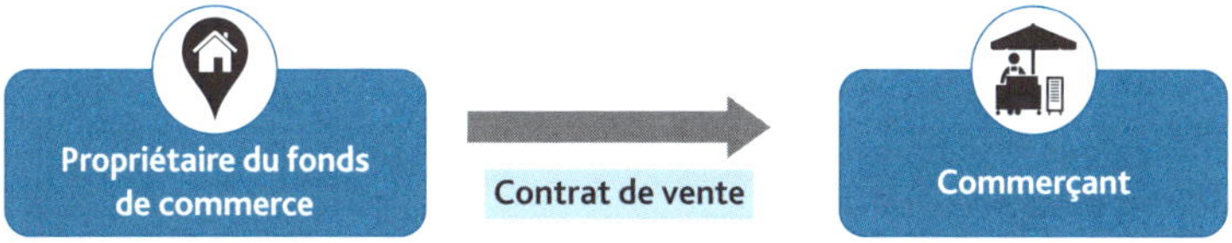

La vente du fonds de commerce est un acte de commerce par accessoire et exige la capacité de chacune des parties à exercer le commerce (➥ fiche 8).

A. Les conditions de la vente du fonds de commerce

Pour être valide, la vente du fonds de commerce est soumise aux conditions générales qui régissent les contrats et les contrats de vente en particulier.

Conditions de fond

Consentement des parties	Il doit exister et ne pas être vicié par l'un des vices sanctionnés par la nullité (erreur sur les qualités essentielles, dol et violence).
Objet de la vente	Le critère de la vente d'un fonds de commerce est la transmission de la clientèle. Les parties déterminent avec précision les autres éléments.
Licéité du fonds	Le fonds cédé doit être licite (activité autorisée, exercée en toute régularité).
Prix	• Liberté de fixation du prix de cession. • Le prix doit être déterminé ou déterminable, ne pas être fictif ou dérisoire.
Capacité des parties	• Les parties doivent avoir la capacité de commercer.

Conditions de forme et de publicité

Formation du contrat	L'accord des parties sur la chose et le prix suffit à la formation du contrat (contrat consensuel)
Preuve	La vente du fonds de commerce se prouve par tous moyens (acte de commerce) : l'écrit n'est donc pas nécessaire.
Mentions	• Les actes de cession de fonds de commerce ne sont assortis d'aucune mention obligatoire. • Les règles du droit commun des contrats s'appliquent, notamment l'obligation précontractuelle d'information.

Enregistrement	Enregistrement de l'acte portant cession à l'administration fiscale dans le mois de sa date.
Publicité	• Publicité légale de la cession sur les plans local (JAL) et national (Bodacc). • Dans les 15 jours de la cession. • Délais et mentions à respecter sous peine de sanction (inopposabilité aux créanciers du vendeur).
Registre général dématérialisé des entreprises	• Radiation du vendeur du registre général dématérialisé des entreprises. • Immatriculation de l'acquéreur. • Délai de 30 jours à dater de l'acte de cession.

B. Les effets de la vente du fonds de commerce

La vente du fonds de commerce se traduit pas le transfert immédiat de propriété et l'opposabilité aux tiers.

Transfert de propriété

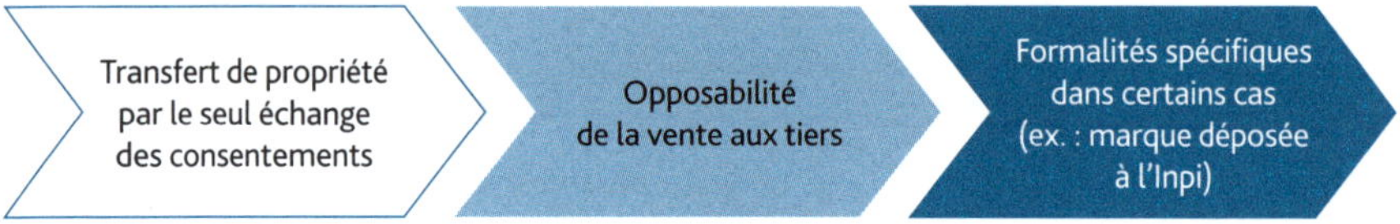

Obligations et garanties du vendeur

Obligations	
Obligation de délivrance de la chose	Mettre le bien à la disposition de l'acquéreur.
Obligations comptables	• Visa d'un document présentant les CA mensuels depuis la clôture du dernier exercice. • Possibilité de mise à la disposition de l'acheteur des livres comptables pendant 3 ans à partir de l'entrée en jouissance.
Obligation de garantie contre les vices cachés	Le vendeur est garant des vices cachés qui rendent le fonds de commerce impropre à son usage.
Obligation de garantie contre l'éviction	Le vendeur est garant d'une possession paisible de l'acheteur (notamment absence de concurrence).
Garanties	
Privilège du vendeur	• La vente doit être constatée par écrit (acte authentique ou acte sous signature privée) et inscrite dans un registre spécial du greffe du tribunal de commerce. • Le vendeur impayé dispose d'un droit de suite et d'un droit de préférence sur le fonds.
Action résolutoire	Le vendeur impayé peut reprendre son fonds, après information des créanciers et lorsque le privilège est inscrit lors de la vente.

Effets de la vente

Effets de la vente à l'égard des créanciers du vendeur	
• Les créanciers du vendeur sont informés de la vente par les mesures de publicité. • Ils peuvent, pour sauvegarder leurs droits, engager une procédure d'opposition dans les 10 jours de la vente. • L'opposition bloque le prix et le tribunal statue.	
Effets de la vente à l'égard de l'acheteur	
Obligations de l'acheteur	Protection de l'acheteur
• Prendre possession du fonds de commerce. • En payer le prix au comptant ou à l'échéance.	• Information avant la cession : prévue par le droit des contrats. • Après la cession : application de la garantie du fait personnel rendant le vendeur responsable s'il évince l'acheteur (clause de non-rétablissement dans la plupart des contrats de vente de fonds de commerce).

2 La location-gérance du fonds de commerce

La location-gérance met en présence deux parties, un loueur et un locataire-gérant.

Le contrat de location-gérance porte sur le fonds lui-même.

Principe du contrat de location-gérance

A. Les conditions de formation du contrat de location-gérance

Conditions de fond	Toutes les conditions du droit général des contrats doivent être respectées. Deux remarques sont toutefois nécessaires : • la capacité : le locataire-gérant devient commerçant. Il doit donc avoir la capacité de faire le commerce ; • le contenu licite et certain du contrat : il porte sur un fonds de commerce ou un établissement artisanal. Une clientèle doit donc y être rattachée.
Conditions de forme	Publicités requises : • le contrat de location-gérance fait l'objet d'une publicité, dans la quinzaine de sa date sous forme d'extrait ou d'avis dans un journal habilité à recevoir les annonces légales ; • le locataire-gérant doit se faire immatriculer au registre général dématérialisé des entreprises. La mention de mise en location-gérance doit être portée sur ce registre ainsi que dans l'avis publié au Bodacc ; • le locataire-gérant est tenu d'indiquer sa qualité sur tous les documents commerciaux pour l'information des créanciers.

B. Les effets du contrat de location-gérance entre les parties

Obligations du locataire-gérant	• Exploiter le fonds conformément à sa destination. • Payer un loyer qui peut être fixe ou assorti d'une clause d'échelle mobile. • Continuer les contrats de travail conclus par le loueur. • S'abstenir de tout acte d'appropriation de la clientèle du loueur (cause de non-rétablissement post-contractuelle).
Obligations du loueur	• Garantir au locataire-gérant la jouissance paisible du fonds. • Laisser à la disposition du locataire-gérant les biens qui composent le fonds et la clientèle.

C. Les effets entre les parties et les créanciers pour dettes d'exploitation

Créanciers du loueur	Possibilité de demander au TC (dans les 3 mois de la publication au JAL) de prononcer l'exigibilité immédiate des dettes afférentes à l'exploitation du fonds.
Créanciers du locataire-gérant	• Responsabilité solidaire du loueur avec le locataire-gérant des dettes contractées par le locataire-gérant à l'occasion de l'exploitation du fonds jusqu'à la publication au JAL. • À la fin du contrat, les dettes afférentes à l'exploitation deviennent immédiatement exigibles.

D. La fin du contrat de location-gérance

Si le contrat est à durée indéterminée, il prend fin par décision de l'une des parties, dans le respect d'un préavis.

Le contrat peut prendre fin par l'arrivée du terme fixé ou être renouvelé.

Si le loueur reprend le fonds, le locataire-gérant n'a aucun droit à renouvellement ou à indemnité d'éviction, ni à une indemnité compensatrice pour la plus-value procurée au fonds.

LE + DE L'EXPERT

Le régime de la vente du fonds de commerce est assez formaliste. C'est une opération importante pour les parties. Le fonds représente une partie importante du patrimoine du vendeur. C'est pourquoi, en cas d'impayé, le vendeur dispose d'un droit de suite et d'un droit de préférence. Pour l'acheteur, c'est un investissement considérable, le législateur le protège pour éviter qu'il soit trompé sur la valeur du fonds.

22 Le compte de dépôt bancaire

Mots-clés

Compte de dépôt • Taux créditeur • Taux débiteur

Définition

Le **compte de dépôt** a pour objet l'enregistrement des opérations de caisse qui augmentent ou diminuent un dépôt initial.

Fonctions du compte de dépôt bancaire

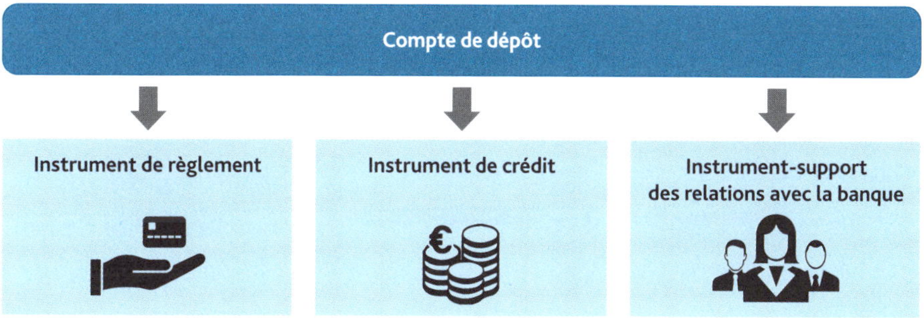

1 La création du compte de dépôt

La convention de compte bancaire est un contrat conclu *intuitu personae* dans les conditions suivantes :

- Une personne est totalement libre de choisir son teneur de compte.
- Toute personne domiciliée en France dispose d'un droit de se faire ouvrir un compte de dépôt.
- La banque peut refuser d'ouvrir une ligne de crédit à une personne.

Capacité et obligations des parties

Capacité des parties	Banque	Personne morale, elle est capable et sa capacité d'exercice est exercée par son représentant légal qui délègue certains de ses pouvoirs.
	Clients personnes physiques	Doivent avoir la capacité d'ouvrir un compte (➥ fiche 9).
	Clients personnes morales	• Un ou plusieurs fondateurs peuvent ouvrir et faire fonctionner un compte au nom de la société en cours de formation. • Le représentant légal ouvre et fait fonctionner le compte (ex. : cas du gérant de SARL).

Obligations de la banque	Éléments d'identification	Vérification de l'identité et de l'adresse du client (ex. : carte nationale d'identité, extrait Kbis (« extrait de naissance » d'une société), facture.
	Informations	• Le banquier donne à son client, professionnel ou particulier, des informations (ex. : conditions générales de banque). • Contrat écrit aux mentions obligatoires.

2 Le fonctionnement du compte de dépôt

A. La tenue du compte

Comme tout compte, le compte de dépôt comprend des opérations de suivi et de contrôle impliquant la banque.

Gestion du compte de dépôt et responsabilité de l'établissement financier

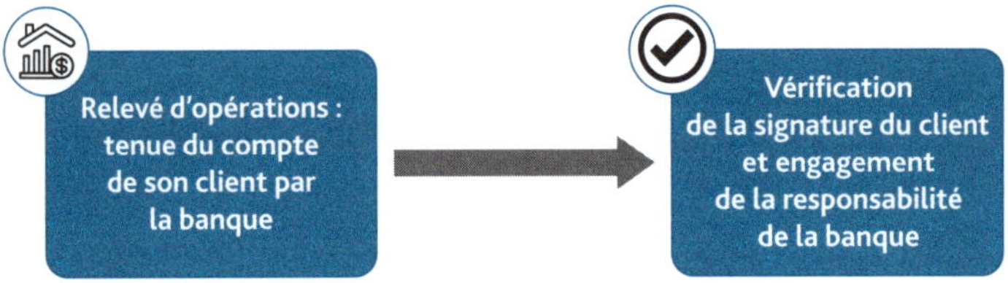

B. La rémunération du compte

Le compte de dépôt rémunère les deux parties.

Rémunération du détenteur	Rémunération de la banque
Intérêts en cas de taux créditeur : versement par la banque d'une rémunération à ses clients afin de rémunérer leurs dépôts.	• Intérêts en cas de taux débiteur : crédit rémunéré accordé par la banque à son client, dans la limite du taux d'usure. • Commissions : perception de commissions et frais sur les divers services rendus à ses clients.

3 Clôture du compte de dépôt

Contrat à durée déterminée

Le contrat prend fin à l'arrivée du terme convenu entre les parties sauf exceptions (ex. : décès du titulaire du compte).

Contrat à durée indéterminée

Le contrat prend fin par décision unilatérale des parties.

La rupture ne doit pas être brutale et les parties doivent respecter un préavis.

Conséquences

- La clôture du compte interdit toute opération pour l'avenir.
- Le banquier récupère toutes les formules de chèque en possession de son client.

- Les chèques, émis antérieurement à la clôture, sont payés si la provision est suffisante.
- Le solde créditeur est remis au client. Le solde débiteur est réglé par le client.

LE + DE L'EXPERT

La banque engage sa responsabilité quand la personne n'est pas habilitée ou lorsque la signature n'est pas conforme pour une opération, en particulier dans le cas des majeurs protégés et de la personne morale représentée. Il convient de vérifier la capacité des personnes avant d'ouvrir un compte et de le faire fonctionner.

23 Les contrats de l'entreprise avec les établissements financiers

Mots-clés

Affacturage • Contrat de prêt • Crédit-bail mobilier • Escompte

1 Le contrat de prêt aux entreprises

Un contrat de prêt à un professionnel fait intervenir deux parties.

Mécanisme du contrat de prêt à une entreprise

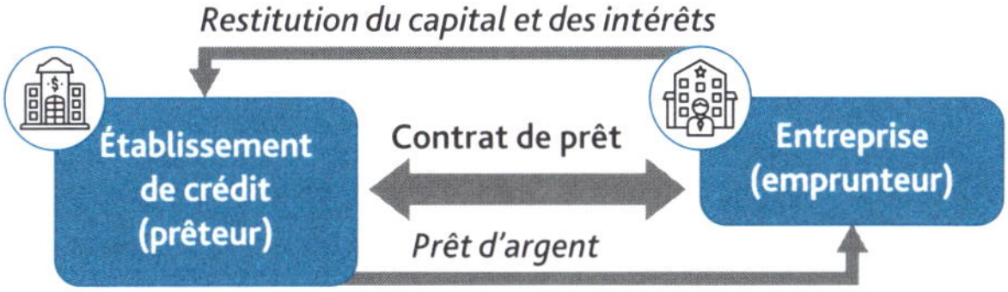

En principe, le contrat est conclu pour une durée déterminée. Lorsque l'emprunteur n'exécute pas ses obligations, il subit une déchéance du terme : il est obligé de rembourser immédiatement le capital et les intérêts.

Obligations des parties

Obligations du prêteur	• Mettre les fonds à la disposition du client. • Respecter les échéances prévues au contrat. • S'acquitter d'une obligation de conseil.
Obligations de l'emprunteur	• Respecter l'affectation éventuelle des fonds prévue. • Rembourser le capital emprunté et payer les intérêts. • Conserver la valeur des sûretés éventuellement consenties (➥ fiche 24)

2 L'escompte

Définitions

- L'**escompte** est une opération par laquelle un banquier « achète » à son client un effet de commerce non échu, le plus souvent une lettre de change, moyennant une rémunération et le prélèvement de divers frais.
- Les **effets de commerce** sont des titres négociables qui constatent l'existence au profit du porteur d'une créance à court terme et servent au paiement.

La catégorie des effets de commerce comprend notamment la lettre de change et le billet à ordre.

Selon la doctrine, les effets de commerce présentent cinq caractéristiques :

- la négociabilité ;
- un objet monétaire ;
- un engagement de payer ;
- un paiement à court terme ;
- l'usage de recevoir le titre en paiement.

Mécanisme de l'escompte

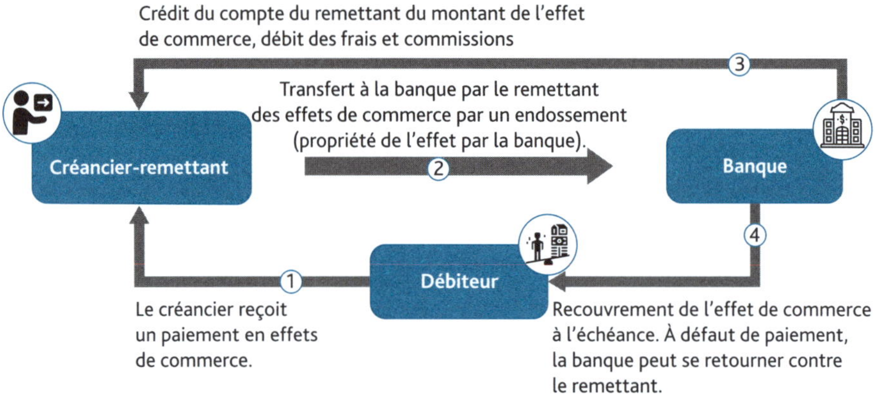

3 L'affacturage

Définition

L'**affacturage** est un contrat commercial par lequel une personne, l'« affactureur » (le factor, dans la terminologie professionnelle) s'engage, moyennant la perception d'une commission, à acheter et donc à régler tout ou partie des créances que son client, appelé adhérent, possède contre des tiers.

L'opération d'affacturage fait intervenir trois personnes : la société d'affacturage, le vendeur adhérent et le client du vendeur.

Obligations des parties

Obligations de l'adhérent	Obligations du factor
• Transmettre au factor l'ensemble de ses créances sur ses clients. • Payer au factor une rémunération. • Coopérer avec le factor. • Apposer, sur les factures, la mention du paiement au factor.	• Fournir divers services (recouvrement de créances, tenue de comptabilité). • Régler les factures qu'il a approuvées. Il supporte éventuellement le risque d'insolvabilité du client de l'adhérent. • Pour les factures non approuvées, le factor agit comme mandataire de l'adhérent : il paie l'adhérent lorsqu'il a été réglé.

4 Le crédit-bail mobilier

Définition

Le **crédit-bail mobilier** est une opération de location de biens d'équipement ou de matériel d'outillage achetés en vue de cette location par des entreprises qui en demeurent propriétaires, lorsque ces opérations, quelle que soit leur qualification, donnent au locataire la possibilité d'acquérir tout ou partie des biens loués, moyennant un prix convenu tenant compte, au moins pour partie, des versements effectués à titre de loyers (C. mon. fin., art. L. 313-7).

Trois parties pour deux contrats

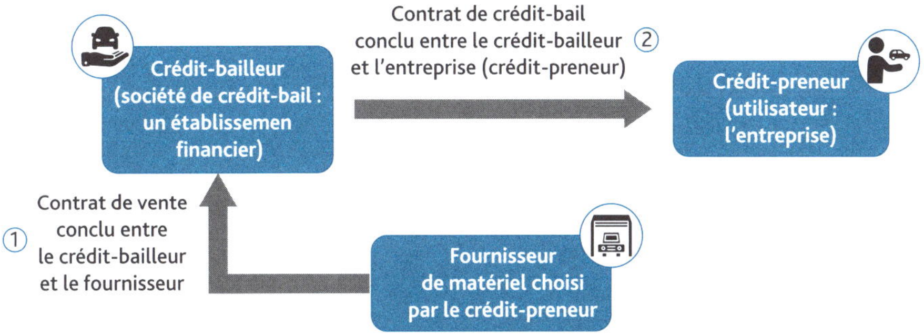

Obligations des parties

Crédit-bailleur	Crédit-preneur
• Délivrer la chose louée • Garantir le preneur contre les vices éventuels de la chose	• Choisir le matériel • Entretenir le matériel • Assurer le matériel • Payer les loyers

À l'échéance, le crédit-bailleur dispose d'une triple option :

- acquérir le bien loué et verser à la société un prix résiduel qui tient compte du montant des loyers qu'il a déjà versé ;
- restituer le bien : toute non-restitution pourrait s'analyser en un abus de confiance ;
- renouveler le contrat.

LE + DE L'EXPERT

L'escompte et l'affacturage sont des crédits avec mobilisation de créances. Le risque d'impayé n'est pas supporté par la banque.

24 Les sûretés

Mots-clés

Cautionnement • Clause de réserve de propriété • Contrat de cautionnement • Droit de préférence • Droit de suite • Sûreté

1 Le droit de gage général des créanciers

Tout créancier dispose d'un droit de gage général sur le patrimoine de son débiteur.

Le créancier exerce son droit de gage général (➥ fiche 12) en faisant saisir tout ou partie des biens du débiteur et en se payant sur le prix de vente.

Le droit de gage est détenu solidairement par l'ensemble des créanciers sur l'ensemble des biens du débiteur. Il constitue une protection efficace à condition que le débiteur possède suffisamment de biens.

2 La clause de réserve de propriété

Définition

La **clause de réserve de propriété** a pour objet de différer le transfert de propriété d'un bien jusqu'au paiement complet du prix.

▶ Exemple

La clause de réserve de propriété peut stipuler: « Le vendeur conserve la propriété de la marchandise jusqu'au paiement intégral du prix. » ◀

La clause de réserve de propriété doit être convenue par écrit, au plus tard le jour de la livraison. Si le vendeur n'est pas payé, la clause de réserve de propriété lui permet de récupérer son bien. Avant le paiement du prix par l'acquéreur, le bien n'entre pas dans son patrimoine. Ainsi, le vendeur reste propriétaire et ses éventuels créanciers n'ont aucun droit sur ce bien.

3 Le cautionnement, sûreté personnelle

Définition

Le **cautionnement** est un contrat par lequel une personne, appelée caution, garantit la dette d'autrui en s'engageant à payer le créancier si le débiteur principal ne s'exécute pas lui-même.

Principe du cautionnement

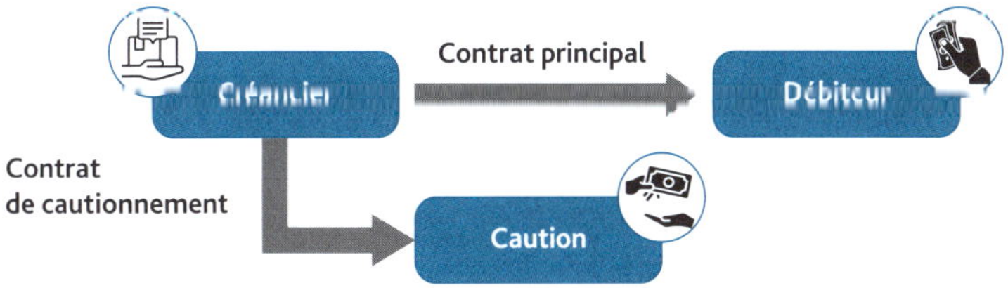

Le **contrat de cautionnement** impose des mentions manuscrites à peine de nullité.

▶ Exemple de mention

« En me portant caution de X [...], dans la limite de la somme de [...] couvrant le paiement du principal, des intérêts, et le cas échéant des pénalités ou intérêts de retard et pour la durée de [...], je m'engage à rembourser au prêteur les sommes dues sur mes revenus et mes biens si X n'y satisfait pas lui-même ». ◀

La caution simple permet au propriétaire de se prémunir uniquement si le locataire n'est pas en mesure de payer ses dettes. La caution solidaire peut être actionnée dès le premier impayé.

Effets du cautionnement

Entre le créancier et la caution	• Le cautionnement ne produit d'effet que lorsque le débiteur est défaillant. • La dette est exigible à l'encontre de la caution lorsqu'elle l'est pour le débiteur principal.
Entre le débiteur et la caution	La caution qui a payé pourra se retourner contre le débiteur.

4 Les sûretés réelles

Les **sûretés** réelles procurent à un créancier une garantie assise sur un bien. Le créancier dispose d'un **droit de suite** et d'un **droit de préférence**.

Composition des sûretés réelles

Droit de suite
Le créancier peut exercer un droit de suite contre les acquéreurs du bien : il suit le bien entre quelques mains qu'il passe.

+

Droit de préférence
Le créancier, bénéficiaire d'une sûreté réelle, détient sur le bien grevé le droit de passer avant les créanciers chirographaires. Il peut faire saisir et vendre le bien et se payer sur son prix.

Principales sûretés réelles

Gage	• Convention par laquelle le constituant accorde au créancier le droit de se faire payer par préférence aux autres créanciers sur un bien mobilier corporels (ex. : gage sur stocks) • Avec ou sans dépossession
Nantissement	Affectation en garantie d'une obligation, d'un bien meuble incorporel, (ou d'un ensemble de biens meubles incorporels présents ou futurs (ex. : fonds de commerce, parts sociales)
Hypothèque conventionnelle	Droit réel sur les immeubles affectés à l'acquittement d'une obligation
Privilèges	• Faveur que la loi accorde à un créancier en raison de la qualité de sa créance et qui consiste dans un droit de préférence sur certains biens du débiteur (ex. : privilège du Trésor public) • Mobilier, immobilier ou général • Absence de droit de suite pour privilège général

LE + DE L'EXPERT

Les sûretés diffèrent selon qu'il s'agit d'un bien immobilier ou mobilier, que ce dernier soit incorporel ou corporel. Le Code de la consommation protège la caution et introduit un principe de proportionnalité de l'engagement de la caution par rapport à ses biens et revenus.

25 Les responsabilités civile et pénale

Mots-clés

Infraction • Responsabilité civile • Responsabilité contractuelle • Responsabilité extracontractuelle • Responsabilité pénale

1 Les responsabilités civiles et pénales

La **responsabilité civile** suppose un préjudice causé à autrui. Elle est encourue quelle que soit la gravité de la faute.

▶ Exemple

Une simple négligence ou l'absence même de faute engage la responsabilité civile. ◀

La **responsabilité pénale** résulte d'une violation de la loi considérée comme dommageable du point de vue social, même si l'acte délictueux ne porte préjudice à personne en particulier. Les fautes doivent être expressément prévues par la loi pénale au jour de leur commission.

Caractéristiques des deux responsabilités

	Responsabilité civile	Responsabilité pénale
But de sa mise en œuvre	Réparation du dommage au profit de la victime	Sanction de la violation de la loi pénale, punition d'un coupable
Types d'action	• Action civile • Actionnée par la victime du dommage	• Action publique • Actionnée par le ministère public (procureur de la République)
Sanction	Réparation proportionnée au dommage causé : dommages-intérêts, exécution en nature	• Prononcé d'une peine (peines privatives de libertés, amendes) • Peine proportionnée à la gravité de la faute
Juridictions compétentes	Tribunaux civils (TJ, TP)	Juridictions pénales (tribunal de police, tribunal correctionnel, cour d'assises)

Les responsabilités civile et pénale sont distinctes mais non indépendantes. Les deux peuvent se cumuler. Dans certains cas, la faute pénale entraîne un préjudice.

2 Les responsabilités civiles contractuelle et extracontractuelle

La **responsabilité contractuelle** repose sur l'article 1231-1 du Code civil.

Code civil, art. 1231-1. Le débiteur est condamné, s'il y a lieu, au paiement de dommages et intérêts, soit à raison de l'inexécution de l'obligation, soit à raison du retard dans l'exécution, s'il ne justifie pas que l'exécution a été empêchée par la force majeure.

La **responsabilité extracontractuelle** (➥ fiche 26) se fonde sur :

- l'article 1240 du Code civil ;
- les articles suivants l'article 1240 du Code civil.

Code civil, art. 1240. Tout fait quelconque de l'homme, qui cause un dommage à autrui, oblige celui par la faute duquel il est arrivé, à le réparer.

Caractéristiques des deux responsabilités civiles

	Responsabilité contractuelle	Responsabilité extracontractuelle
Fait générateur	Inexécution ou mauvaise exécution d'un contrat	Dommage causé à un tiers
Personne poursuivie	Cocontractant	Auteur du dommage et coauteurs
Dommages réparés	Seuls les dommages prévus au contrat	Tout dommage causé à un tiers par manquement au devoir de diligence incombant à tous
Preuve	Celui qui réclame des dommages-intérêts doit établir l'existence du contrat et le fait de l'inexécution ou fait générateur (exception en cas d'obligation de moyens) (➥ fiche 17)	• Principe, la victime doit prouver la faute de l'auteur présumé du dommage • Des exceptions : il existe des présomptions de faute, de responsabilité ou des responsabilités de plein droit (➥ fiche 27)
Clauses limitatives de responsabilité	Admises par l'insertion de clauses particulières dans le contrat	Non admises (Code civil, art. 1240 d'ordre public)
Mise en œuvre	Mise en demeure préalable	Mise en demeure non exigée
Prescriptions	Prescriptions diverses	10 ans à compter de la manifestation du dommage ou de son aggravation

La mise en œuvre de la responsabilité pénale suppose l'existence d'une infraction prévue par la loi.

LE + DE L'EXPERT

- En présence d'un dommage lors de la commission de l'infraction, la responsabilité civile extracontractuelle (➥ fiches 26 et 27) est engagée. Avant de statuer, les juges civils doivent attendre la décision des juges criminels (en principe, le criminel tient le civil en l'état).
- L'existence d'un contrat entre la victime et l'auteur d'un dommage met en jeu la responsabilité civile contractuelle.

26 La responsabilité civile extracontractuelle : mise en œuvre

Mot-clé

Force majeure • Lien de causalité • Préjudice • Responsabilité civile extracontractuelle

1 Le fondement de la responsabilité civile extracontractuelle

	De la théorie de la faute à la théorie du risque
Théorie de la faute	La responsabilité de l'auteur du dommage repose sur la faute qu'il a commise (responsabilité du fait personnel).
Théorie du risque	Celui qui a provoqué un dommage doit en assumer les conséquences (responsabilité du producteur du fait des produits défectueux).

2 La mise en œuvre de la responsabilité civile extracontractuelle

Définition

La **responsabilité civile extracontractuelle** est la responsabilité retenue en l'absence de tout contrat. Elle naît du dommage causé à un tiers.

S'agissant d'une responsabilité civile (➥ fiche 25), la responsabilité civile extracontractuelle est mise en jeu si trois conditions sont réunies.

Triple condition de mise en œuvre de la responsabilité extracontractuelle

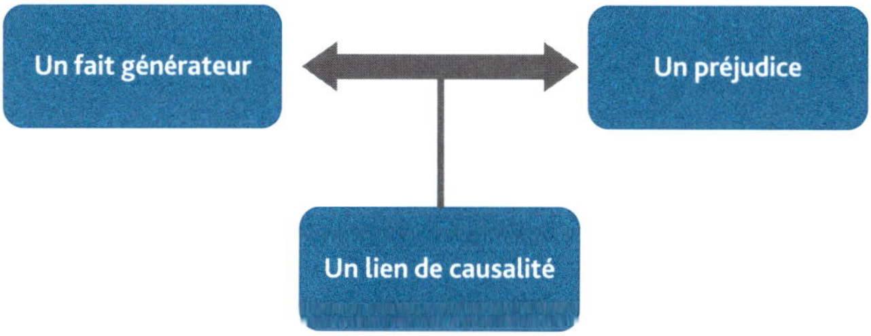

3 Les règles communes aux différents régimes de responsabilité civile extracontractuelle

Il existe plusieurs formes de responsabilité civile extracontractuelle qui se différencient par le fait générateur (➥ fiche 27). Toutes les formes partagent des caractéristiques communes.

A. Le préjudice

Classification	Matériel	Un bien est détruit ou détérioré.
	Moral	Des droits extrapatrimoniaux sont atteints.
	Corporel	L'intégrité physique d'une personne est atteinte.
Caractères ouvrant droit à réparation	Certain	Un préjudice déjà subi et qui peut être prouvé.
	Déterminé	Évaluation du préjudice subi. L'indemnité doit réparer tout le préjudice, mais rien que le préjudice.
	Actuel	Il est possible néanmoins d'indemniser le préjudice à venir.
	Direct	Il résulte en droite ligne du fait reproché au responsable.
	Porter atteinte à un intérêt légitime	L'intérêt lésé doit pouvoir être pris en considération par la loi.

B. Le lien de causalité

• Met en relation le fait générateur et le dommage • Le premier doit avoir été la cause génératrice du second	Effet direct reliant le fait générateur et le préjudice	La causalité suppose que le fait examiné ait été nécessaire à la réalisation du dommage. Cette causalité est qualifiée d'objective. La causalité est néanmoins retenue en cas d'aggravation du dommage (causes qui s'enchaînent).
	La charge de la preuve du rapport de causalité incombe au demandeur	Pour venir en aide aux victimes, la loi et la jurisprudence ont créé certaines présomptions de causalité qui ont pour conséquence d'inverser la charge de la preuve (régimes particuliers par exemple des accidents de la circulation).

C. Les causes d'éxonération

• Possibilité de dénier le lien de causalité(1) • Preuve que le dommage est dû à une cause étrangère	Force majeure	Événement imprévisible, irrésistible et extérieur aux parties.
	Fait d'un tiers	Personne étrangère à l'activité du responsable.
	Fait de la victime	Fait présentant les caractères de la force majeure.

(1) Le responsable supposé du dommage peut, dans certains cas, s'exonérer en déniant le lien de causalité.

LE + DE L'EXPERT

La force majeure est définie par l'article 1218 du Code civil. En présence d'un cas fortuit ne relevant pas de la force majeure, l'auteur du dommage ne bénéficie d'aucune exonération.

27 La responsabilité civile extracontractuelle : catégories

Mots-clés

Faute • Présomption irréfragable • Responsabilité du fait d'autrui • Responsabilité du fait des choses • Responsabilité du fait personnel • Responsabilité du fait des produits défectueux

1 La responsabilité du fait personnel

A. Le fait générateur : une faute

La faute, fondement de la responsabilité du fait personnel, est constituée par la réunion de trois éléments.

> **Code civil, art. 1240 (principe général de responsabilité).** Tout fait quelconque de l'homme, qui cause à autrui un dommage, oblige celui par la faute duquel il est arrivé à le réparer.
>
> **Code civil, art. 1241 (étendue de la responsabilité).** Chacun est responsable du dommage qu'il a causé non seulement par son fait, mais encore par sa négligence ou par son imprudence.

La victime doit apporter la preuve de la **faute**.

Éléments constitutifs d'une faute

Un élément matériel + Un fait illicite + Le fait est imputable à son auteur

Un élément matériel	Un fait matériel dommageable	Cette expression doit être comprise dans un sens très large. Il s'agit d'une action ou d'une omission. Ex. : un commerçant dénigre sur les ondes d'une radio locale un concurrent, un entrepreneur ne signale pas une tranchée sur un chantier.
Un élément d'illicéité	Un fait illicite	Tel est le cas de l'acte dommageable accompli contrairement au droit. Ex. : le commerçant qui dénigre les produits d'un concurrent commet un fait illicite et engage sa responsabilité personnelle.
Un élément subjectif	Le fait illicite est imputable à son auteur.	Cette imputabilité suppose, en principe, chez l'auteur du dommage, la conscience et la liberté de ses actes.

B. Les causes possibles d'exonération

L'exonération de responsabilité dénie le lien de causalité, en apportant la preuve que le dommage est dû à une cause étrangère, du fait :

- D'une force majeure. Il s'agit d'un événement imprévisible, irrésistible et extérieur aux parties.
- D'un tiers. La personne doit être étrangère à l'activité du responsable.
- De la victime. Le fait doit alors présenter les caractères de la force majeure.

2 La responsabilité du fait d'autrui

A. La responsabilité des commettants du fait de leurs préposés (employeur/salarié)

Il existe une présomption irréfragable de responsabilité du commettant du fait de son préposé.

Définition

En cas de **présomption irréfragable**, la victime n'a pas à prouver la faute du commettant qui est automatiquement responsable.

Triple condition de mise en œuvre de la responsabilité du commettant

Le préposé agit pour le compte d'autrui, c'est-à-dire sous l'autorité ou encore sous la subordination du commettant.

Toutefois, l'idée d'autorité ne délimite pas correctement toute la réalité du lien de préposition. Il faut lui adjoindre :

- l'idée d'intérêt : le préposé agit dans l'intérêt du commettant ;
- l'idée de maîtrise : le commettant conserve la maîtrise des opérations et des machines, il fixe les objectifs et les moyens.

Le commettant peut exercer un recours contre le préposé s'il a excédé les limites de sa mission.

B. La responsabilité des artisans du fait de leurs apprentis

Les artisans sont présumés responsables des dommages causés par leurs apprentis pendant le temps qu'ils sont sous leur surveillance.

Triple condition de mise en œuvre de la responsabilité
des artisans du fait de leurs apprentis

Une exonération est possible en cas de force majeure et de fait de la victime.

3 La responsabilité du fait des choses

Le gardien de la chose est responsable de plein droit : pour s'exonérer, il doit apporter la preuve d'une cause étrangère.

Le fait d'un tiers, la faute de la victime et la force majeure sont des causes étrangères à la chose.

L'acceptation des risques par la victime dans l'utilisation de la chose est appréciée par les tribunaux pour exonérer le gardien.

Quadruple condition de mise en œuvre
de la responsabilité du fait des choses

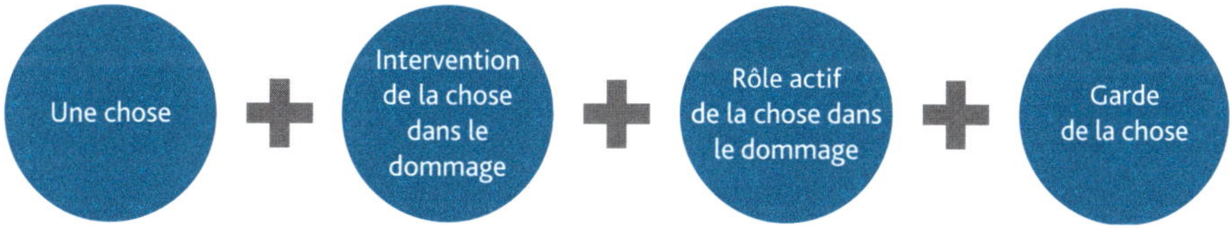

Éléments de la garde de la chose

Usage	Fait de se servir de la chose dans son intérêt.
Contrôle	Possibilité pour le gardien de surveiller la chose.
Direction	Pouvoir effectif du gardien sur la chose. Il peut l'utiliser à sa guise, notamment la faire déplacer.

4 La responsabilité du fait des produits défectueux

La **responsabilité** du producteur **du fait des produits défectueux** est de plein droit.

Conditions de mise en œuvre de la responsabilité du fait des produits défectueux

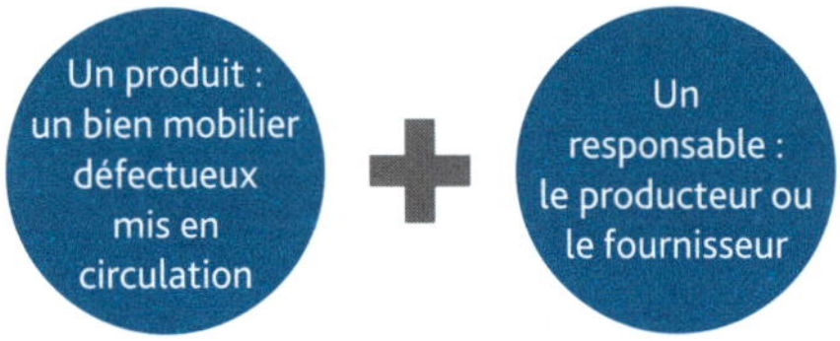

Définition

Un **produit défectueux** est un bien n'offrant pas la sécurité à laquelle on peut légitimement s'attendre.

Des délais doivent être respectés : un délai de forclusion et un délai de prescription.

Délai de forclusion

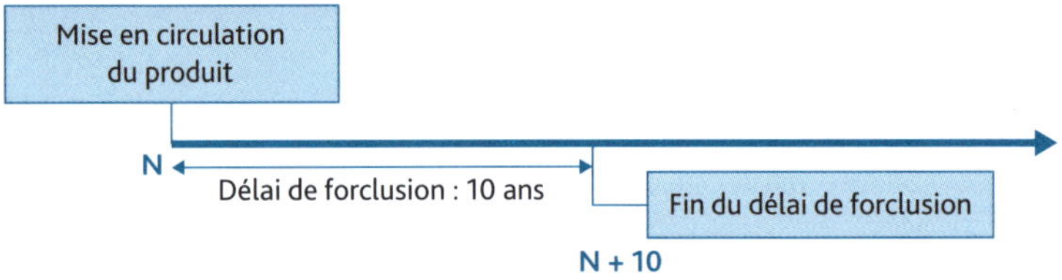

Délai de prescription

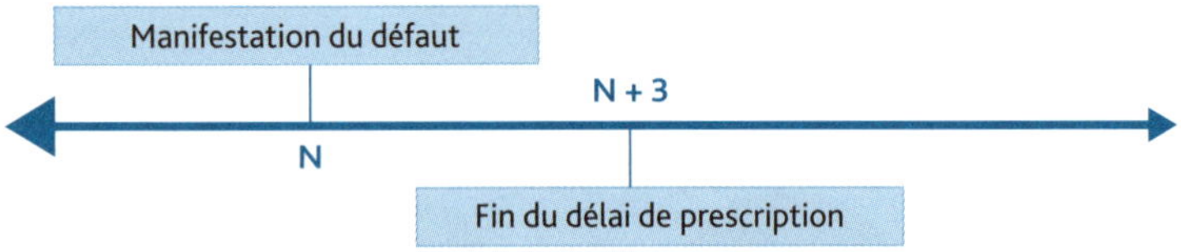

La victime doit apporter la preuve du dommage et du défaut, ainsi que du lien de causalité entre le défaut et le dommage.

L'exonération de responsabilité est possible en cas de :

- force majeure ;
- faute de la victime ;
- défaut antérieur à la mise en circulation du produit ou indécelable.

LE + DE L'EXPERT

Certains régimes de responsabilité sont irréfragables (commettant/préposé) et n'admettent pas d'exonération, d'autres sont de plein droit et admettent des causes d'exonération (responsabilité du fait des choses). Il importe d'analyser le contexte et d'identifier le lien entre la victime du dommage et l'auteur du dommage.

28 La responsabilité civile extracontractuelle : cas particuliers

Mots-clés

Préjudice environnemental • Trouble anormal de voisinage • Voisinage

1 Les troubles anormaux de voisinage

Définitions

- Un **trouble anormal de voisinage** est un désagrément excédant la commune mesure.
- La notion de **voisinage** s'entend d'une idée de proximité géographique.

Le trouble anormal de voisinage est une responsabilité sans faute. La preuve du dommage anormal subi par la victime suffit.

Conditions de mise en œuvre de la responsabilité pour trouble anormal de voisinage

Exercice du droit de propriété + Absence d'abus et de volonté de nuire + Contraintes excédant la commune mesure + Dommage

Le juge est souverain pour apprécier le dépassement des inconvénients normaux de voisinage.

2 La réparation du préjudice environnemental

Définition

Le **préjudice environnemental** ou préjudice écologique consiste en une atteinte non négligeable aux éléments ou aux fonctions des écosystèmes ou aux bénéfices collectifs tirés par l'homme de l'environnement.

La mise en jeu de la responsabilité pour préjudice écologique est déconnectée de tout préjudice personnel. Elle suppose :

- une appréciation préalable de l'atteinte à l'environnement. Un recours à un expert est fréquent ;
- la réparation par toute personne responsable du préjudice.

Conditions de mise en œuvre de la responsabilité pour préjudice environnemental

Les personnes qui ont qualité à agir sont :

- l'État ;
- l'Agence française pour la biodiversité (AFB) ;
- les collectivités territoriales et leurs groupements dont le territoire est concerné ;
- les établissements publics ;
- les associations agréées ou créées depuis plus de 5 ans qui ont pour objet la protection de la nature et la défense de l'environnement.

La réparation du préjudice environnemental s'effectue par priorité en nature ou par des dommages et intérêts versés au demandeur en cas d'impossibilité. Les dommages et intérêts peuvent être versés à l'État si le demandeur ne peut pas prendre les mesures nécessaires.

Le juge peut prescrire des mesures de prévention ou des mesures de nature à faire cesser le dommage.

LE + DE L'EXPERT

Reconnu dès 2012 par la jurisprudence, le préjudice environnemental ou écologique est désormais consacré par le Code civil (articles issus de la loi n° 2016-1087 du 8 août 2016 pour la reconquête de la biodiversité, de la nature et des paysages).

Crédits iconographiques

p. 11 : © rules by P Thanga Vignesh from the Noun Project ; © Man by Sewon Park from the Noun Project ; p. 15 : © precedence by priyanka from the Noun Project ; © Arrow by Saifurrijal from the Noun Project ; p. 19 : © judgment by vectoriconset10 from the Noun Project ; p. 22 : © Stamp by Franco Marino Cagnina from the Noun Project ; © Justice by RocketDiction from the Noun Project ; p. 30 : © Time by Alice Design from the Noun Project ; © Planning by Davo Sime from the Noun Project ; p. 37 : © Man by Sewon Park from the Noun Project ; © Society by David García from the Noun Project ; p. 40 : © contract by priyanka from the Noun Project ; © usability by Justin Blake from the Noun Project ; p. 41 : ©Fans by Gan Khoon Lay from the Noun Project ; © Forbidden by Adrien Coquet from the Noun Project ; p. 52 : © Procurement by Wichai Wi from the Noun Project ; © statement by Olivia from the Noun Project ; p. 53 : © boss by Kokota from the Noun Project ; © transfer by rivercon from the Noun Project ; p. 55 : © tools by i cons from the Noun Project ; © euro revenue by Phạm Thanh Lộc from the Noun Project ; © DMCA File by Anatolii Babii from the Noun Project ; p. 64 : © Man by Sewon Park from the Noun Project ; © Book by monkik from the Noun Project ; p. 67 : © Community by Gregor Cresnar from the Noun Project ; © Communication by Adrien Coquet from the Noun Project ; © legislation by Silviu Ojog from the Noun Project ; © Euro by Alfredo ; @ IconsAlfredo.com from the Noun Project ; © Long Term by Nithinan Tatah from the Noun Project ; p. 70 : © contract by rivda from the Noun Project ; © contract by Tomi Triyada from the Noun Project ; p. 79 : © Handshake by Mitchell Fong from the Noun Project ; © contracts by Gan Khoon Lay from the Noun Project ; © person by Guilherme Furtado from the Noun Project ; © crowd by Shane Holley from the Noun Project ; p. 80 : © Man Giving Gift by Gan Khoon Lay from the Noun Project ; © Money by Rediffusion from the Noun Project ; ©bill by fonk from the Noun Project ; ©hourglass by Symbolon from the Noun Project ; ©Handshake by bmijnlieff from the Noun Project ; p. 85 : © warehouse by Vectors Market from the Noun Project ; © customer by Fiki Ahmadi from the Noun Project ; p. 86 : © professional by Delwar Hossain from the Noun Project ; © client by Gregor Cresnar from the Noun Project ; p. 88 : © Bank manager by ProSymbols from the Noun Project ; © client by Gregor Cresnar from the Noun Project ; p. 89 : © Map Marker by Magicon from the Noun Project ; © Ice Cream Stand by Gan Khoon Lay from the Noun Project ; p. 91 : © house market by BomSymbols from the Noun Project ; p. 93 : © Credit Card by Nikita Kozin from the Noun Project ; © Money by mungang kim from the Noun Project ; © Friends by Jerry Kim from the Noun Project. p. 94 : © house market by BomSymbols from the Noun Project ; © Check by Poups from the Noun Project ; p. 97 : © Bank by Eucalyp from the Noun Project ; © firm by Nithinan Tatah from the Noun Project ; p. 98 : © supplier by Adrien Coquet from the Noun Project ; © Bank by Eucalyp from the Noun Project ; © debtor by Wichai Wi from the Noun Project ; p. 99 : © ; car dealer by Gregor Cresnar from the Noun Project ; © Car service by Smallike from the Noun Project ; © Driver by Adrien Coquet from the Noun Project ; p. 101 : © Procurement by Wichai Wi from the Noun Project ; © Payer by Vectors Market from the Noun Project ; © money back guarantee by Vectors Market from the Noun Project.

82935 - (I) - SOP 90 - P314U - PCA - LGT

JOUVE-PRINT
733, rue Saint-Léonard, 53100 MAYENNE
Dépôt légal : septembre 2021
N° 2965907U

Imprimé en France